RECETTES ET MENUS SANTÉ

MICHEL MONTIGNAC

ÉDITIONS
TRUSTAR

ÉDITIONS
TRUSTAR

Une division de Trustar ltée
2020, rue University
bureau 2000
Montréal (Québec)
H3A 2A5

Vice-président, Éditions : Claude Leclerc
Directrice, Éditions : Annie Tonneau
Directeur de collection : Joël-Ange Sitbon
Révision : Roger Magini, Corinne De Vailly
Correction : Louise Bouchard, Camille Gagnon
Couverture : Daniel Marcil
Infographie : Jean-François Gosselin

© Éditions Trustar, 1998
Dépôt légal : troisième trimestre 1998
Bibliothèque nationale du Québec
Bibliothèque nationale du Canada
ISBN : 2-921714-33-7

ADAPTÉS POUR LE QUÉBEC

RECETTES
ET MENUS
SANTÉ
MICHEL
MONTIGNAC

Distribution pour le Canada :
Agence de distribution populaire
1261 A, rue Shearer
Montréal (Québec) H3K 3G4
Téléphone : (514) 523-1182
Télécopieur : (514) 939-0705

Distribution pour la France et la Belgique :
Diffusion Casteilla
10, rue Léon-Foucault
78184 Saint-Quentin-en-Yvelines Cedex
Téléphone : (1) 30 14 19 30

Distribution pour la Suisse :
Diffusion Transat S.A.
Case postale 1210,
4 ter, route des Jeunes, 1211 Genève 26
Téléphone : 022 / 342 77 40
Télécopieur : 022 / 343 4646

PRÉFACE

L'OMS, l'Organisation mondiale de la santé, tire désormais la sonnette d'alarme en clamant haut et fort à travers des communiqués officiels que «la planète entière souffre d'une véritable épidémie d'obésité».

Pendant de nombreuses années, on a cru naïvement que l'excès de poids était et resterait une spécificité des États-Unis. Et puis, petit à petit, les mêmes symptômes (même s'ils sont encore moins sévères) sont apparus dans tous les pays occidentaux.

Partout, on a pensé que ce que l'on nous avait déjà dit depuis longtemps était vrai. À savoir que si l'on était de plus en plus gros, c'était parce que l'on mangeait trop et que l'on ne faisait pas assez d'exercices.

Depuis 1997, on a la certitude que cette affirmation est totalement fausse. Car aux États-Unis comme ailleurs, les études scientifiques sont en fait en train de nous démontrer le contraire de ce que l'on a cru: depuis une vingtaine d'années, les apports énergétiques moyens des Occidentaux n'ont cessé de baisser. La consommation de graisses a considérablement diminué et la pratique de l'exercice physique s'est plutôt développée. Et pourtant, pendant la même période, l'obésité n'a cessé d'augmenter. Au point que l'on parle désormais, aux États-Unis du «Paradoxe américain».

En 1986, le premier livre publié sur la Méthode Montignac (*Comment maigrir en faisant des repas d'affaires*) dénonçait déjà cette apparente contradiction en donnant une explication: si l'Amérique est de plus en plus obèse et si le reste du monde est en passe de le devenir, ce n'est pas parce que l'on mange trop, mais parce que l'on mange mal.

Trois facteurs sont à l'origine de ce phénomène:
1. Les bouleversements socio-économiques de la société moderne.
2. L'industrialisation de la production agro-alimentaire.
3. La dérive des habitudes alimentaires des sociétés occidentales.

En fait, tous ces facteurs sont liés entre eux, car chacun est en quelque sorte la conséquence de l'autre.

Après la Seconde Guerre mondiale, il y a seulement un peu plus d'une cinquantaine d'années, la société occidentale a vécu une formidable mutation. Avec l'urbanisation des villes et la désertion des campagnes, la population s'est répartie différemment sur les territoires.

Un décalage progressif est donc apparu entre les zones de production alimentaire et les zones de consommation. Il a fallu produire différemment et trouver des solutions en matière d'acheminement et surtout de conservation des aliments (réfrigération, surgélation, utilisation d'agents de conservation).

Mais il a fallu aussi produire plus à cause de l'augmentation de la population (*baby boom*). Une véritable révolution s'est alors opérée en matière de production alimentaire par l'intermédiaire de la mécanisation, de l'augmentation des rendements grâce à l'utilisation des engrais chimiques et des produits phytosanitaires (pesticides, insecticides, herbicides).

L'organisation de la société a par ailleurs évolué avec, notamment, la féminisation du travail qui a conduit à une diminution du temps consacré à la préparation des repas.

L'apparition de nouveaux produits, plus pratiques à conserver, plus rapides à préparer et à consommer, de même qu'une certaine internationalisation des goûts ont progressivement changé les habitudes de consommation alimentaire.

Mais cette transformation du paysage alimentaire s'est faite si rapidement que personne n'a pu en remarquer les éventuels effets pervers. Ainsi, avec un recul de plusieurs décennies, on a compris que cette mutation ne s'était pas faite sans conséquence, notamment pour notre santé.

Car depuis l'avènement de cette révolution de l'alimentation, de nombreuses maladies métaboliques se sont développées: le diabète, les cancers, la sclérose en plaques, la maladie d'Alzheimer, les affections cardiovasculaires, et bien évidemment l'obésité. Toutes ont directement ou indirectement pour origine non seulement la pauvreté nutritionnelle des productions alimentaires industrielles, mais aussi et surtout les mauvaises habitudes alimentaires induites par la vie moderne.

Depuis sa première publication, la Méthode Montignac a non seulement analysé et bien identifié le problème, mais elle a surtout proposé des solutions dont l'efficacité (durable) a été largement prouvée par l'immense succès dont elle a fait l'objet dans la plupart des pays.

La Méthode Montignac est fondée sur une double constatation.

D'abord l'échec cuisant de la diététique traditionnelle, qui a toujours prétendu que le seul moyen de maigrir était de manger moins et de se dépenser plus en faisant beaucoup d'exercices. Or, depuis plus de vingt ans, toutes les études montrent que non seulement cela ne marche pas, mais qu'en plus l'application de ces principes restrictifs a aggravé l'obésité.

Nous avons donc aujourd'hui la preuve expérimentale et scientifique que le facteur énergétique n'est pas, contrairement à ce que l'on a cru, déterminant dans la prise de poids.

Il a été démontré, par ailleurs, que le véritable facteur de la prise de poids et *a fortiori* de l'obésité, c'est la médiocrité nutritionnelle des aliments industrialisés qui sont consommés désormais dans tous les pays occidentaux, et surtout, l'adoption progressive, ces cinquante dernières années, de mauvaises habitudes alimentaires.

C'est, en effet, le contenu nutritionnel de l'aliment (sa richesse en vitamines, minéraux, acides gras essentiels et fibres, de même que la structure moléculaire des amidons) qui induit ou non les mécanismes métaboliques susceptibles de provoquer un stockage anormal des graisses de réserve.

Un simple choix des aliments en fonction de leur richesse nutritionnelle permet donc, comme le recommande la Méthode Montignac, d'induire d'une manière efficace et durable les mécanismes métaboliques qui permettent de retrouver un poids optimal.

L'expérience a montré que ce recentrage des habitudes alimentaires avait aussi des effets secondaires très positifs sur la santé en général: baisse du cholestérol, des triglycérides, du diabète, suppression des fatigues, des migraines et des problèmes intestinaux. On peut donc considérer que les recommandations de la Méthode Montignac s'inscrivent dans le cadre d'une véritable approche de santé globale.

Ce livre est une illustration de l'application des principes de cette Méthode. Il comporte des recettes gourmandes simples à réaliser, qui ont été préparées avec la complicité de techniciennes en diététique québécoises qui connaissent particulièrement bien le paysage nutritionnel de la Belle Province.

Tous les ingrédients qui ont été choisis seront familiers au lecteur, qui n'aura aucune difficulté à les trouver dans le commerce, alors que ce n'est malheureusement pas le cas lorsqu'il s'agit de recettes françaises.

Un certain nombre de principes, qui ne correspondent pas forcément à des pratiques courantes au Québec, ont cependant été introduits dans la démarche culinaire. Il s'agit notamment du choix du gras pour la cuisson.

Ma recommandation est d'utiliser de préférence, et presque toujours, de l'huile d'olive surtout lorsque nous aurions été tentés d'utiliser du beurre par habitude.

Le beurre est certainement un bon aliment: il contient une quantité appréciable de vitamines A. Cependant, sa consommation doit être soumise à deux conditions: n'en consommer qu'une faible quantité (10 à 20 g suffisent par jour), car il contient aussi de mauvaises graisses (saturées), mais aussi et surtout, ne jamais le faire cuire. Car dès qu'il est cuit, le beurre se détériore et devient à la fois indigeste et cancérigène.

D'autre part, il faut savoir que toute cuisson forte entraîne une modification importante d'un aliment qui, dans de nombreux cas, aboutit à une véritable déperdition de son «énergie vitale». Il vaut donc mieux cuire à basse température.

Enfin, il convient de préciser que les menus qui sont proposés (pages 16 à 27) sont simplement indicatifs. Chaque repas ou journée est évidemment interchangeable, à condition toutefois de garder présent à l'esprit un souci d'équilibre entre les différents nutriments.

Faire la cuisine est un art à part entière comme la musique ou la peinture; c'est pourquoi il peut procurer beaucoup de plaisir. Mais la plus grande joie que l'on peut en tirer est de partager avec ceux que l'on aime les préparations culinaires dans lesquelles on aura mis à la fois enthousiasme et amour.

Michel Montignac

INTRODUCTION

La plupart des recettes culinaires, des plus simples aux plus compliquées, qu'elles soient domestiques ou professionnelles, recommandent l'utilisation du beurre en guise de corps gras.

Même dans les pays du pourtour méditerranéen, en Provence notamment où l'on serait porté à croire qu'on n'utilise que l'huile d'olive et rien d'autre, le beurre est toujours présent dans la préparation des plats gastronomiques, ce qui est fâcheux.

Pendant longtemps, nos ancêtres ont surtout cuisiné avec de la graisse animale, celle du porc notamment. Puis, au siècle des Lumières, les premiers grands chefs se firent connaître à la Cour de Versailles, entre autres; ils proposèrent des plats rares et chers qu'ils cuisinaient avec un corps gras exceptionnel par sa rareté et son prix: le beurre.

Pendant tout le XIXe siècle, les cuisiniers des mieux nantis firent de même. Et lorsque la Grande cuisine atteignit son apogée au cours du XXe – grâce au talent des plus grands chefs –, de tous les corps gras le beurre fut toujours privilégié. Il occupe donc aujourd'hui encore une place prépondérante, non seulement dans la cuisson des viandes et des poissons mais aussi, et surtout, dans la préparation des sauces et bien évidemment des pâtisseries.

Or, il convient d'être conscient que, même si on peut trouver de très relatives qualités nutritionnelles au beurre quand il est consommé cru et en très faible quantité (de l0 à l5 ml [1 ou 2 c. à soupe] par jour) du fait de la vitamine A qu'il contient, il faut se méfier du beurre cuit. Car, dès lors, les acides gras saturés dont il est composé sont soumis à une température de l00 °C (225 °F) environ; le beurre devient alors nocif, n'étant plus dégradable par les enzymes digestives. S'il passe le seuil des l20 °C (250 °F), le beurre noircit et se dénature complètement en formant de l'acroléine, une substance dont on a démontré qu'elle était cancérigène.

Voilà pourquoi les seules graisses recommandables pour les cuissons sont, outre l'huile d'olive, la graisse d'oie ou de canard*.

---

* Disponible dans tous les centres Montignac et les boulangeries Première Moisson.

Ces dernières ont en effet l'avantage de supporter des températures importantes (+ 200 °C ou 400 °F) tout en gardant intacte leur structure moléculaire. Un autre avantage de la graisse d'oie est qu'elle donne aux aliments préparés des saveurs qui relèvent de la grande gastronomie.

LISTE DES RECETTES

SOUPES

SALADES

VINAIGRETTES

TARTINADES ET TREMPETTES

SAUCES ET BOUILLONS

VIANDES

VOLAILLES

POISSONS ET FRUITS DE MER

ŒUFS

LÉGUMES D'ACCOMPAGNEMENT

PLATS GLUCIDIQUES

DESSERTS

MENUS SANTÉ – SEMAINE 1

	LUNDI	MARDI	MERCREDI	JEUDI	VENDREDI	SAMEDI	DIMANCHE
D Î N E R	* Salade grecque	* Soupe minestrone	Crudités	Salade verte	Crudités	Salade de poulet	Salade de tomates
	* Escalopes de dinde marinées	Filet mignon	* Lasagne	Poulet au thym	* Brochettes de veau		* Omelette au brocoli
	Brocoli	* Légumes croustillants à la crème sure			Riz brun basmati		
	* Poires pochées	Fromage	* Yogourt glacé aux framboises	Fromage	* Crème à la framboise	Yogourt	Chocolat noir à 70 % de cacao
S O U P E R	* Soupe au poireau et au cresson	* Salade colorée	* Crème de chou-fleur	* Salade de luzerne	Crème d'asperges	Salade de courgettes	* Soupe de persil
	* Sauté de crevettes épicées	* Omelette mexicaine	* Thon à la provençale	* Soupe aux pois	* Filets de truite surprise	* Darnes de saumon	* Falafels
	Légumes à la vapeur		Épinards		Haricots verts	Sauté de champignons	* Ratatouille
	Yogourt	Compote de pommes	Yogourt	** Yogourt	Yogourt	Fromage maigre	* Neige aux framboises

* Voir recette.
** Aromatisé à la tartinade de fruits sans sucre ou à la compote de pommes sans sucre.

MENUS SANTÉ – SEMAINE 2

	LUNDI	MARDI	MERCREDI	JEUDI	VENDREDI	SAMEDI	DIMANCHE
DÎNER	Cœurs d'artichauts * Boulettes d'agneau au parmesan Asperges citronnées Fromage	Soupe aux légumes * Poitrines de poulet farcies Têtes de violon Fromage	Crème de brocoli Salade aux œufs Fromage	Salade de concombres * Croquettes au saumon Chou-fleur Chocolat noir à 70 % de cacao	* Crème de champignons * Bœuf montréalais Chou à la vapeur * Mousse glacée au citron et à la lime	Poireaux en vinaigrette Cuisse de poulet au four * Brochettes de courgettes et de poivrons * Flan aux petits fruits des champs	Crème de légumes Aiglefin * Brocoli et chou-fleur aux pignons Fromage
SOUPER	* Velouté d'épinards * Filets de sole à la sauce au vin blanc Pleurotes Yogourt	* Salade César * Ragoût santé * Mousse aux fraises	Salade de laitue Poulet à la niçoise Riz brun basmati Yogourt	Crudités * Courgettes au four Yogourt	Cœurs de palmiers * Brochettes de fruits de mer ** Yogourt	Salade d'endives * Riz aux lentilles Yogourt	Salade de poivrons Œufs brouillés au fromage Chocolat noir à 70 % de cacao

* Voir recette.
** Aromatisé à la tartinade de fruits sans sucre ou à la compote de pommes sans sucre.

MENUS SANTÉ – SEMAINE 3

	LUNDI	MARDI	MERCREDI	JEUDI	VENDREDI	SAMEDI	DIMANCHE
DÎNER	* Soupe minestrone * Pain de viande au gruau Aubergines gratinées Fromage	* Salade d'épinards et de fèves germées * Poulet à la chinoise Fromage	* Salade colorée * Frittata jardinière * Friandises au chocolat	Crème de poivrons rouges Pétoncles à la lime Épinards Crème Chantilly et fruits rouges	* Soupe à l'oignon gratinée * Poivrons verts farcis Fromage	* Salade de radis et de fenouil Lapin aux olives Champignons à l'ail Fromage	* Crème de chou-fleur * Crevettes au poivre Carré aux dattes sans sucre
SOUPER	Avocat vinaigrette Filets de sole amandine Légumes en papillote Yogourt	Crème de tomates * Salade de légumineuses ** Yogourt	Crème de poulet * Poitrines de dinde à la sauce aux canneberges Yogourt	Crudités * Trempette délicieuse Croquettes de millet * Sauce tomate italienne * Sorbet glacé aux fraises	* Taboulé * Darnes de saumon sauce au persil * Choux de Bruxelles Yogourt	Salade de cresson * Chili végétarien ** Yogourt	Salade de champignons Omelette au four Chocolat noir à 70 % de cacao

* Voir recette.
** Aromatisé à la tartinade de fruits sans sucre ou à la compote de pommes sans sucre.

MENUS SANTÉ – SEMAINE 4

	LUNDI	MARDI	MERCREDI	JEUDI	VENDREDI	SAMEDI	DIMANCHE
D Î N E R	* Salade colorée	* Salade grecque	* Salade chou vert et rouge	Crudités	Consommé	* Velouté d'épinards	* Salade César
	* Brochettes de veau	Poitrine de dinde grillée	* Tomates farcies aux œufs	* Poisson en papillote	Filet mignon	* Poulet à la marocaine	* Morue pochée à la méditerra-néenne
		Asperges gratinées		Riz brun au cari	Sauté de champignons et d'oignons	Courgettes au pesto	
			Crème Chantilly et fruits rouges	Yogourt	* Délice au chocolat		Fromage
	Fromage					Fromage	
S O U P E R	Soupe aux légumes	Salade verte	Salade chinoise	* Salade d'épinards et de fèves germées	Salade d'endives	* Pois mange-tout et scarole en salade	Crudités
		Pâtes complètes	Caille				* Trempette délicieuse
	Salade de thon	* Sauce aux lentilles	* Ratatouille	* Riz aux lentilles	* Bouillabaisse	* Croquettes de tofu à l'italienne	Quiche aux légumes
						Brocoli	
		* Muffins au son et aux abricots		* Neige aux framboises		* Mousse au chocolat	
	Yogourt		Yogourt		Fromage		Fromage

* Voir recette.
** Aromatisé à la tartinade de fruits sans sucre ou à la compote de pommes sans sucre.

MENUS SANTÉ – SEMAINE 5

	LUNDI	MARDI	MERCREDI	JEUDI	VENDREDI	SAMEDI	DIMANCHE
D Î N E R	* Crème de champignons Foie de veau à la poêle * Légumes croustillants à la crème sure Yogourt	Crudités * Guacamole Salade de poulet Fromage	Salade jardinière Omelette au jambon et fromage Chocolat noir à 70 % cacao	Huîtres fumées * Filets de truite surprise Haricots vapeur Fromage	* Salade d'avocats * Poivrons rouges andalouse Fromage	Salade de concombres et de poivrons Cuisse de poulet au cari Légumes à la wok Fromage	Crème d'asperges * Filets de doré au romano * Brocoli et chou-fleur aux pignons Yogourt
S O U P E R	Salade de sardines Langoustine * Choux de Bruxelles * Fondue au chocolat	Champignons farcis * Macaronis aux trois fromages ** Yogourt	Salade de tomates * Poitrines de poulet à l'orange et au gingembre Gratin de brocoli Yogourt	Crème de brocoli Brochettes de tofu et de légumes Yogourt	* Salade colorée * Filets de poisson farcis Fromage maigre	Soupe aux légumes * Salade de taboulé et aux pois chiches * Yogourt glacé aux framboises	Soupe au chou * Courgettes au four ** Yogourt

* Voir recette.
** Aromatisé à la tartinade de fruits sans sucre ou à la compote de pommes sans sucre.

MENUS SANTÉ – SEMAINE 6

	LUNDI	MARDI	MERCREDI	JEUDI	VENDREDI	SAMEDI	DIMANCHE
DÎNER	*Crème de chou-fleur	Salade du chef	*Velouté d'épinards	Salade à la chinoise	Champignons en salade	Crudités *Trempette délicieuse	*Salade colorée
	*Bœuf montréalais	Sébaste en sauce	Salade aux œufs	*Poisson en papillote	*Ragoût de veau cajun	*Poulet à la marocaine	*Darnes de saumon
	Légumes	Tomates et champignons		Sauté de poivrons aux trois couleurs			Aubergines gratinées
	*Mousse aux fraises	Fromage	Fromage	Fromage	Chocolat noir à 70 % cacao	**Yogourt	Fromage
SOUPER	*Salade de luzerne	Crudités	*Salade d'avocats	Crème de céleri	Soupe de persil	Crème de brocoli	Soupe aux légumes
	*Brochettes de fruits de mer	*Chili végétarien	Cailles suprêmes	Lasagne jardinière	*Croquettes au saumon	*Tofu grillé	Soufflé au fromage
			*Bouquet de poivrons		*Brochettes de courgettes et de poivrons		Asperges
	Yogourt	*Neige aux framboises	Yogourt	*Flan aux petits fruits des champs	Yogourt	Yogourt	Yogourt

* Voir recette.
** Aromatisé à la tartinade de fruits sans sucre ou à la compote de pommes sans sucre.

21

MENUS SANTÉ – SEMAINE 7

	LUNDI	MARDI	MERCREDI	JEUDI	VENDREDI	SAMEDI	DIMANCHE
DÎNER	Salade de tomates	* Salade d'avocats	* Salade César	* Soupe à la chinoise	* Salade de chou vert et rouge	Soupe aux légumes	Salade verte
	* Brochettes de veau	Émincé de poulet aux légumes	Omelette végétarienne	* Filets de doré au romano	Filet de porc à la moutarde	* Escalopes de dinde marinées	Darnes de flétan
	Terrine de légumes			* Cari de chou-fleur et courgette	* Légumes croustillants à la crème sure		Brocoli
	Fromage	Fromage	Fromage	Fromage	Fromage	Fromage	Fromage
SOUPER	Crème d'asperges	Crème de champignons	Crème de brocoli	Salade de tomates	Salade du printemps	Salade de concombres	* Salade colorée
	Salade de crabe	* Tomates farcies aux œufs	Oie rôtie	Soupe aux légumineuses	* Thon à la provençale	* Bulghur aux pois chiches	* Courgettes au four
			Chou rouge au vinaigre de framboise		Riz brun basmati		
	** Yogourt	Chocolat à 70 % de cacao	Fromage maigre	Yogourt	Yogourt	* Mousse au chocolat	* Neige aux framboises

* Voir recette.
** Aromatisé à la tartinade de fruits sans sucre ou à la compote de pommes sans sucre.

MENUS SANTÉ – SEMAINE 8

	LUNDI	MARDI	MERCREDI	JEUDI	VENDREDI	SAMEDI	DIMANCHE
DÎNER	Salade jardinière * Poivrons verts farcis Fromage	* Velouté d'épinards Poulet aux olives et tomates séchées Brocoli et chou-fleur gratinés	* Salade d'avocats * Omelette mexicaine Fromage	Soupe aux légumes * Croquettes au saumon Tomates et concombres Fromage	Potage au cresson * Émincé de veau aux légumes Fromage	* Salade de luzerne Canard à l'orange Haricots verts ** Yogourt	Velouté de tomates Salade de thon * Mousse aux fraises
SOUPER	Jus de tomates * Darnes de saumon sauce au persil ** Yogourt	* Salade colorée Orge mondé * Sauce aux lentilles ** Yogourt	Crudités * Brochettes de poulet à l'orientale ** Yogourt	Salade de carottes râpées * Soupe aux pois Yogourt	* Salade d'épinards et de fèves germées Homard grillé Yogourt	Crudités * Trempette délicieuse * Cigares au fromage et à l'épinard Chocolat à 70 % cacao	Crème de légumes Quiche aux champignons Concombres en salade Yogourt

* Voir recette.
** Aromatisé à la tartinade de fruits sans sucre ou à la compote de pommes sans sucre.

MENUS SANTÉ – SEMAINE 9

	LUNDI	MARDI	MERCREDI	JEUDI	VENDREDI	SAMEDI	DIMANCHE
DÎNER	Cœurs d'artichauts	* Salade grecque	* Soupe à l'oignon gratinée	Crudités * Guacamole	* Salade de luzerne	Salade verte	* Soupe de persil
	Foie de veau grillé	Tournedos de poulet	Omelette aux champignons	* Filets de doré au romano	* Porc aux fèves germées	* Poulet à la chinoise	* Thon à la provençale
	* Cari de chou-fleur et courgette	Haricots verts	* Mousse au chocolat	Brocoli	Crème Chantilly et fruits rouges		
	Fromage	Fromage		Fromage		Fromage	Fromage
SOUPER	* Soupe minestrone	* Salade d'épinards et de fèves germées	Salade du jardin	Potage de légumes	Salades de concombres	* Velouté d'épinards	Salade de tomates
	* Sauté de crevettes épicées	* Riz aux lentilles	Poulet à la niçoise	* Macaronis aux trois fromages	* Brochettes de fruits de mer	Millet aux légumes	* Œufs brouillés au jambon blanc
	Chocolat à 70 % de cacao	** Yogourt	Yogourt		Yogourt	* Yogourt glacé aux framboises	Fromage

* Voir recette.
** Aromatisé à la tartinade de fruits sans sucre ou à la compote de pommes sans sucre.

MENUS SANTÉ – SEMAINE 10

	LUNDI	MARDI	MERCREDI	JEUDI	VENDREDI	SAMEDI	DIMANCHE
D Î N E R	Salade du jardin	* Velouté d'épinards	Crudités * Salsa froide	Salade de saumon	* Salade de luzerne	Salade verte	Salade de tomates
	* Bœuf montréalais	Tournedos de poulet	* Tomates farcies aux œufs		* Ragoût de veau cajun	* Frittata jardinière	Aiglefin grillé
	Légumes vapeur	* Bouquet de poivrons					Chou à la vapeur
	* Mousse au chocolat	Fromage	Fromage	Fromage	Fromage	Fromage	Fromage
S O U P E R	* Salade d'avocats	* Soupe minestrone	Soupe aux légumes	* Salade d'épinards et de fèves germées	* Soupe à la chinoise	* Soupe à l'oignon gratinée	Salade verte
	* Poisson en papillote	* Salade de taboulé aux pois chiches	* Poitrine de poulet à l'orange et au gingembre	* Chili végétarien	* Brochettes de fruits de mer	Fusilli * Sauce aux tomates fraîches et aux poivrons rouges	Quiche aux asperges
	* Cari de chou-fleur et courgette			* Cari de chou-fleur et courgette			
	Fromage maigre	Yogourt	Fromage maigre	** Yogourt	* Neige aux framboises	* Mousse aux fraises	Yogourt

* Voir recette.
** Aromatisé à la tartinade de fruits sans sucre ou à la compote de pommes sans sucre.

25

MENUS SANTÉ – SEMAINE 11

	LUNDI	MARDI	MERCREDI	JEUDI	VENDREDI	SAMEDI	DIMANCHE
D Î N E R	Crudités *Poivrons rouges andalouse Fromage	Salade d'endives Tournedos de poulet *Sauce blanche aux épinards Fromage	Salade d'épinards et de crevettes *Courgettes au four Crème Chantilly et fruits rouges	*Crème de chou-fleur Salade de thon Fromage	Cœurs de Palmier *Boulettes d'agneau au parmesan *Ratatouille Fromage	*Soupe à l'orge *Poitrines de poulet farcies *Friandises au chocolat	Salade de tomates *Omelette mexicaine Fromage
S O U P E R	*Crème de champignons *Filets de truite surprise Légumes à la vapeur Yogourt	Salade du jardin Pâtes complètes *Sauce tomate au tofu *Neige aux framboises	Crudités Cuisses de dinde sauce au vin *Brochettes de courgettes et de poivrons Yogourt	Potage aux légumes *Salade de riz sauvage *Flan aux petits fruits des champs	Crudités Filets de saumon *Court-bouillon *Légumes croustillants à la crème sure **Yogourt	*Salade colorée *Falafels Haricots Yogourt	Soupe au chou *Crevettes au poivre *Courgettes grillées Chocolat à 70 % de cacao

* Voir recette.
** Aromatisé à la tartinade de fruits sans sucre ou à la compote de pommes sans sucre.

MENUS SANTÉ – SEMAINE 12

	LUNDI	MARDI	MERCREDI	JEUDI	VENDREDI	SAMEDI	DIMANCHE
D Î N E R	* Salade d'avocats	Moules marinières	Salade de cresson	Salade verte	* Soupe au poireau et au cresson	* Salade colorée	* Salade de luzerne
	* Côtelettes de porc à la marinade	* Moussaka	Omelette espagnole	* Filets de doré au romano	Foie de veau	Canard à l'orange	* Filets de sole à la sauce au vin blanc
	Brocoli	* Choux de Bruxelles		Champignons sautés	* Petits pois aux oignons blancs	Brocoli	* Champignons grillés
	Fromage	* Délice au chocolat	Fromage	Fromage	Fromage	Fromage	Fromage
S O U P E R	Salade de carottes râpées	Soupe aux légumes	Potage aux poireaux	Salade jardinière	* Salade grecque	* Soupe minestrone	* Salade de radis et fenouil
	* Cigares au fromage et à l'épinard	Salade de millet	Poulet de Cornouailles grillé	Fèves en sauce tomate	* Croquettes de saumon		* Omelette au brocoli
					Riz cajun	* Riz aux lentilles	
		Épinards		Asperges	Légumes vapeur		
	** Yogourt	Yogourt	* Mousse aux fraises	Yogourt	** Yogourt	** Yogourt	* Neige aux framboises

* Voir recette.
** Aromatisé à la tartinade de fruits sans sucre ou à la compote de pommes sans sucre.

27

SOUPES

CRÈME DE CHAMPIGNONS

POUR 2 OU 3 PERSONNES

INGRÉDIENTS

- 1/2 tasse (125 ml) de pieds de champignons
- 1 1/2 tasse (375 ml) d'eau
- 1 c. à thé (5 ml) d'huile d'olive de première pression à froid
- 1/2 oignon moyen, haché
- 1 gousse d'ail pelée et broyée
- 2 tasses (500 ml) de champignons en tranches
- 1/2 tasse (125 ml) de crème champêtre 15 %
- Sel et poivre au goût

- Dans une casserole, mélanger l'eau avec les pieds de champignons. Porter à ébullition et laisser mijoter pendant 30 minutes.

- À l'aide d'une passoire, filtrer le bouillon dans un bol. Réserver.

- Mettre l'huile d'olive dans la même casserole et faire sauter l'oignon avec l'ail. Ajouter les tranches de champignons et poursuivre la cuisson à feu moyen pendant 5 minutes.

- Incorporer le bouillon, la crème et les assaisonnements. Laisser cuire à feu doux pendant 5 minutes en remuant de temps à autre et servir.

CRÈME DE CHOU-FLEUR

POUR 4 PERSONNES

INGRÉDIENTS

- 3 c. à soupe (45 ml) d'huile d'olive de première pression à froid
- 1 oignon moyen, émincé
- 1 petit chou-fleur, en petits bouquets
- 3 c. à soupe (45 ml) de persil frais, finement haché
- 2 tasses (500 ml) d'eau
- 1 tasse (250 ml) de bouillon de poulet maison dégraissé
- 1 tasse (250 ml) de crème champêtre 15%
- Sel et poivre au goût

- Mettre l'huile d'olive dans une casserole et faire revenir l'oignon à feu doux pendant 3 minutes. Ajouter le chou-fleur et le persil. Couvrir partiellement et poursuivre la cuisson de 8 à 10 minutes.

- Ajouter l'eau, le bouillon de poulet et porter à ébullition. Couvrir partiellement et laisser mijoter pendant 5 minutes.

- Verser la préparation dans un mélangeur et réduire en purée tout en ajoutant la crème. Remettre à feu très doux quelques minutes ou jusqu'à l'obtention d'une consistance plus crémeuse. Saler, poivrer et servir.

SOUPE À L'OIGNON GRATINÉE

POUR 4 PERSONNES

INGRÉDIENTS

- 4 gros oignons, émincés
- 4 tasses (1 L) de bouillon de bœuf maison dégraissé
- 1/2 tasse (125 ml) de vin blanc sec
- Sel et poivre au goût
- 2 petites tranches de pain intégral grillées
- 1 tasse (250 ml) de fromage emmenthal ou de gruyère partiellement écrémé, râpé

- Dans une casserole, mettre les oignons et le bouillon. Porter à ébullition et laisser mijoter pendant 20 minutes.

- Incorporer le vin et poursuivre la cuisson pendant 5 minutes. Saler et poivrer.

- Préchauffer le four à gril.

- Verser le contenu dans des bols à soupe à l'oignon. Recouvrir chacun d'un morceau de pain grillé et de fromage râpé. Mettre au four sous le gril et faire dorer de 8 à 10 minutes.

SOUPE À L'ORGE

POUR 4 PERSONNES

INGRÉDIENTS

- 5 tasses (1,25 l) de bouillon de bœuf maison dégraissé
- 1/2 tasse (125 ml) d'orge mondé, trempé pendant 8 heures
- 1 oignon moyen, grossièrement haché
- 1 branche de céleri en morceaux
- 1 gros blanc de poireau, en rondelles
- 1/2 tasse (125 ml) de champignons émincés
- 2 c. à soupe (30 ml) de persil frais, finement haché
- Poivre au goût

- Dans une casserole, porter le bouillon à ébullition.

- Rincer et égoutter l'orge. Ajouter à la casserole avec les légumes. Laisser mijoter pendant 30 minutes ou jusqu'à ce que les légumes soient tendres.

- Assaisonner de persil, de poivre et servir.

SOUPE À LA CHINOISE

POUR 3 OU 4 PERSONNES

INGRÉDIENTS

- 1 c. à soupe (15 ml) d'huile d'olive de première pression à froid
- 2 gousses d'ail pelées et broyées
- 3 tasses (750 ml) de bouillon de poulet maison dégraissé
- 1 tasse (250 ml) de légumes à l'orientale surgelés
- 1 c. à soupe (15 ml) de gingembre frais, finement haché
- 1/2 c. à thé (2 ml) d'épices à la chinoise moulues
- 1/2 c. à thé (1 ml) de poivre noir moulu
- 10 pétoncles frais de grosseur moyenne
- 10 crevettes fraîches de grosseur moyenne
- 1/2 c. à thé (2 ml) d'huile de sésame

- Dans une grande casserole, faire revenir l'ail dans l'huile d'olive à feu moyen pendant 1 minute.

- Ajouter le bouillon et porter à ébullition. Incorporer les légumes, le gingembre avec les épices et le poivre. Couvrir et laisser mijoter à feu doux pendant 5 minutes.

- Ajouter les pétoncles et les crevettes. Poursuivre la cuisson de 3 à 5 minutes ou jusqu'à ce que les crevettes soient rosées et que les pétoncles deviennent opaques.

- Au moment de servir, ajouter l'huile de sésame.

SOUPE AU POIREAU ET AU CRESSON

POUR 4 PERSONNES

INGRÉDIENTS

- 1/2 c. à soupe (7 ml) d'huile d'olive de première pression à froid
- 1 petit blanc de poireau, émincé
- 1/2 poivron vert finement haché
- 1 gousse d'ail pelée et broyée
- 1 c. à soupe (15 ml) de gingembre frais, finement haché
- 3/4 tasse (175 ml) de feuilles de cresson lavées et équeutées
- 3 tasses (750 ml) de bouillon de poulet maison dégraissé
- 1 c. à thé (5 ml) d'huile de sésame
- 1 pincée de piment de Cayenne

- Dans une casserole, faire chauffer l'huile d'olive à feu moyen. Ajouter le poireau, le poivron, l'ail et le gingembre. Faire revenir pendant 5 minutes ou jusqu'à ce que le poireau ait ramolli.

- Ajouter le cresson, le bouillon de poulet avec l'huile de sésame et assaisonner de piment de Cayenne. Bien mélanger le tout et porter à ébullition. Réduire le feu et laisser mijoter pendant 15 minutes.

SOUPE AUX HARICOTS BLANCS

POUR 4 À 6 PERSONNES

INGRÉDIENTS

- 1 c. à soupe (15 ml) d'huile d'olive de première pression à froid
- 1 gros oignon, haché
- 1 grosse gousse d'ail pelée et broyée
- 2 c. à thé (10 ml) de poudre de chili
- 1/2 c. à thé (2 ml) d'origan séché
- 1/2 c. à thé (2 ml) de marjolaine séchée
- 8 tasses (2 L) de bouillon de poulet maison dégraissé
- 2 tasses (500 ml) de tomates, en dés
- 1/2 c. à thé (2 ml) de sel
- 1/4 c. à thé (1 ml) de poivre noir moulu
- 1/4 chou frisé, haché grossièrement
- 1/2 tasse (125 ml) de petites pâtes de blé entier
- 2 tasses (500 ml) de haricots blancs cuits (voir mode de cuisson p. 218)
- Épinards frais au goût

- Mettre l'huile d'olive dans une grande casserole et faire revenir l'oignon à feu moyen pendant 5 minutes environ ou jusqu'à ce qu'il soit tendre.

- Ajouter l'ail, le chili, l'origan, la marjolaine et poursuivre la cuisson pendant 30 secondes.

- Incorporer le bouillon, les tomates avec le sel et le poivre. Porter à ébullition, couvrir et laisser mijoter à feu doux pendant 15 minutes.

- Ajouter le chou et les pâtes. Couvrir et poursuivre la cuisson à feu doux pendant 20 minutes ou jusqu'à ce que le chou soit tendre.

- Incorporer les haricots, bien mélanger et faire cuire quelques minutes.

- Au moment de servir, ajouter les épinards.

SOUPE AUX POIS

POUR 4 PERSONNES

INGRÉDIENTS

- 1 tasse (250 ml) de pois jaunes entiers
- 1 c. à soupe (15 ml) d'huile d'olive de première pression à froid
- 1 branche de céleri, émincée
- 1 oignon moyen, finement haché
- 3 tasses (750 ml) de bouillon de poulet maison dégraissé
- 2 tasses (500 ml) d'eau froide
- 1 gousse d'ail pelée et broyée
- 1/4 tasse (50 ml) de jambon blanc, en dés
- 1 c. à soupe (15 ml) de persil frais, finement haché
- Sel et poivre au goût

- Prenez soin de faire tremper les pois jaunes de 10 à 12 heures dans de l'eau froide avant de commencer la cuisson.

- Mettre l'huile d'olive dans une casserole et faire revenir le céleri avec l'oignon à feu doux.

- Rincer, égoutter les pois et ajouter dans la casserole avec le reste des ingrédients. Couvrir et laisser mijoter à feu doux de 45 à 60 minutes ou jusqu'à ce que les pois deviennent tendres.

SOUPE DE PERSIL

POUR 3 OU 4 PERSONNES

INGRÉDIENTS

- 3 tasses (750 ml) de bouillon de poulet maison dégraissé
- 1/4 tasse (50 ml) de vin blanc sec
- 1 branche de céleri grossièrement hachée
- 1 oignon vert, haché
- 2 tasses (500 ml) de persil frais, haché
- 1/4 tasse (50 ml) de crème champêtre 15 %
- Sel et poivre au goût
- Paprika au goût

- Verser le bouillon de poulet et le vin dans une casserole. Ajouter le céleri avec l'oignon vert et porter à ébullition. Incorporer le persil et poursuivre la cuisson à feu moyen pendant 3 minutes.

- Laisser tiédir la préparation et réduire au robot culinaire.

- Verser à nouveau dans la casserole et incorporer la crème. Assaisonner de sel, de poivre et laisser mijoter à feu doux pendant 10 minutes.

- Saupoudrer de paprika avant de servir.

SOUPE MINESTRONE

POUR 4 PERSONNES

INGRÉDIENTS

- 2 c. à soupe (30 ml) d'huile d'olive de première pression à froid
- 1 gros oignon finement haché
- 2 gousses d'ail pelées et broyées
- 5 tasses (1,25 l) de bouillon de poulet maison dégraissé
- 2 branches de céleri, émincées
- 1/4 petit chou de Savoie grossièrement haché
- 1 tasse (250 ml) de tomates broyées
- 1 tasse (250 ml) de tomates en cubes
- 2 c. à soupe (30 ml) de pâte de tomates
- 1 c. à thé (5 ml) de basilic séché
- 1 c. à soupe (15 ml) d'origan séché
- 1/4 c. à thé (1 ml) de poivre noir moulu
- 1 courgette, en rondelles
- 1/2 tasse (125 ml) de petites pâtes de blé entier
- 1/2 tasse (125 ml) de haricots rouges cuits (voir mode de cuisson p. 218)
- 1/2 tasse (125 ml) de haricots blancs cuits (voir mode de cuisson p. 218)

- Mettre l'huile d'olive dans une casserole et faire revenir l'oignon avec l'ail à feu moyen pendant 2 ou 3 minutes ou jusqu'à ce que l'oignon ait ramolli.

- Ajouter le bouillon de poulet, le céleri, le chou, les tomates avec la pâte de tomates et les assaisonnements. Bien mélanger le tout et porter à ébullition. Réduire le feu, couvrir et laisser mijoter pendant 20 minutes.

- Ajouter la courgette, les pâtes et mélanger. Couvrir et poursuivre la cuisson de 10 à 15 minutes. Incorporer les haricots rouges et blancs. Remuer bien la soupe et laisser mijoter pendant 3 minutes.

VELOUTÉ D'ÉPINARDS

POUR 4 PERSONNES

INGRÉDIENTS

- 1 c. à soupe (15 ml) d'huile d'olive de première pression à froid
- 1 oignon moyen, finement haché
- 1 petite gousse d'ail pelée et broyée
- 7 oz (200 g) d'épinards frais, lavés, équeutés et séchés
- 2 tasses (500 ml) d'eau ou de bouillon de poulet maison dégraissé
- 2 tasses (500 ml) de crème champêtre 15 %
- Sel et poivre au goût

- Mettre l'huile d'olive dans une casserole et faire revenir l'oignon avec l'ail à feu doux pendant 2 minutes. Ajouter les épinards et poursuivre la cuisson pendant 2 minutes en remuant continuellement.

- Ajouter l'eau ou le bouillon de poulet et porter à ébullition. Couvrir partiellement et laisser mijoter pendant 5 minutes.

- Réduire la préparation en purée au mélangeur tout en ajoutant la crème. Remettre à feu très doux quelques minutes pour obtenir une consistance plus crémeuse. Saler et poivrer avant de servir.

SALADES

CHOU-FLEUR ET BROCOLI MARINÉS EN SALADE

POUR 4 PERSONNES

INGRÉDIENTS

- 2 tasses (500 ml) de chou-fleur en petits bouquets
- 1 tasse (250 ml) de brocoli en petits bouquets
- 1/4 d'un poivron rouge en lanières
- 1/4 tasse (50 ml) d'olives noires dénoyautées et coupées en deux
- 1/4 tasse (50 ml) d'huile d'olive de première pression à froid
- Le jus d'un citron frais
- 1 gousse d'ail pelée et broyée
- 1 c. à soupe (15 ml) de vinaigre balsamique
- 1 c. à thé (5 ml) de moutarde de Dijon
- 1 pincée de poivre noir moulu
- 1 c. à soupe (15 ml) de persil frais, finement haché

- Faire cuire le chou-fleur dans une grande casserole d'eau bouillante pendant 2 minutes.

- Ajouter le brocoli et cuire pendant 3 minutes.

- Incorporer le poivron rouge et poursuivre la cuisson pendant 3 ou 4 minutes ou jusqu'à ce que les légumes soient tendres mais encore croquants. Rincer sous l'eau froide et égoutter. Mettre les légumes dans un saladier et ajouter les olives. Bien mélanger le tout.

- Dans un petit bol, à l'aide d'un fouet, mélanger l'huile d'olive, le jus de citron, l'ail, le vinaigre balsamique avec la moutarde et le poivre.

- Verser la vinaigrette sur la salade. Parsemer de persil. Mélanger pour bien l'enrober et servir froid ou à la température ambiante.

CREVETTES ET CŒURS DE PALMIERS EN SALADE

POUR 4 PERSONNES

INGRÉDIENTS

- 24 crevettes de grosseur moyenne, cuites, décortiquées et déveinées
- 1 boîte de cœurs de palmiers en conserve, égouttés
- 2 avocats mûrs, en quartiers
- 1 branche de céleri émincée
- 6 tomates cerises coupées en deux
- Vinaigrette crémeuse (voir recette p. 64)

- Dans un saladier, mélanger tous les ingrédients.

- Assaisonner la salade de vinaigrette crémeuse et mélanger suffisamment pour bien l'enrober. Laisser reposer pendant 10 minutes avant de servir.

POIREAUX EN VINAIGRETTE

POUR 4 PERSONNES

INGRÉDIENTS

- 4 poireaux moyens
- 1/4 tasse (50 ml) d'olives noires, en rondelles
- 1/2 tasse (125 ml) de fromage feta émietté
- Vinaigrette aux trois huiles (voir recette p. 62)

- Couper les poireaux en ne laissant que 5 cm (2 po) de la partie verte. Faire une incision sur la longueur puis les laver très soigneusement. Cuire à la vapeur et les égoutter.

- Disposer quelques feuilles de laitue dans quatre assiettes et déposer un poireau. Répartir également les olives et le feta. Assaisonner de vinaigrette aux trois huiles.

POIS MANGE-TOUT ET SCAROLE EN SALADE

POUR 4 À 6 PERSONNES

INGRÉDIENTS

- 1/4 lb (125 g) de pois mange-tout
- 1 laitue frisée ou Boston
- 1/2 scarole
- 1/2 radicchio
- 1/2 poivron rouge en fines lanières
- Vinaigrette tamari (voir recette p. 66)

- Laver et parer les pois mange-tout. Cuire à la vapeur pendant 2 minutes. Rincer sous l'eau froide et sécher. Réserver.

- Laver et sécher la laitue frisée ou Boston, la scarole et le radicchio. Déchiqueter les verdures dans un saladier.

- Ajouter les pois mange-tout et les poivrons. Bien mélanger la salade. Servir et assaisonner de vinaigrette tamari.

SALADE CÉSAR

POUR 4 PERSONNES

INGRÉDIENTS

- 1 laitue romaine
- 1 petite tranche de pain intégral grillée, en dés (facultatif)
- 4 tranches de bacon cuites, émiettées
- 1/4 tasse (50 ml) de fromage parmesan frais, râpé
- Vinaigrette à salade César (voir recette p. 61)

- Laver et sécher les feuilles de laitue. Déchiqueter la verdure dans un saladier. Assaisonner de vinaigrette à salade César. Mélanger la salade pour bien l'enrober.

- Saupoudrer de parmesan et de bacon. Bien mélanger et servir.

SALADE COLORÉE

POUR 4 À 6 PERSONNES

INGRÉDIENTS

- 1/2 radicchio
- 1/2 laitue frisée rouge
- 1/2 laitue Boston
- 1/2 endive
- 1/2 botte de cresson
- 1/2 poivron jaune, en dés
- 1/4 tasse (50 ml) de persil frais, finement haché
- 1 c. à soupe (15 ml) de ciboulette fraîche, finement hachée
- Vinaigrette à la moutarde de Dijon (voir recette p. 60)

- Laver et sécher les feuilles de radicchio, de laitue, d'endive et de cresson. Déchiqueter les verdures dans un saladier.

- Ajouter le poivron, parsemer de persil et de ciboulette. Mélanger le tout. Servir la salade et assaisonner de vinaigrette à la moutarde de Dijon.

SALADE D'AVOCATS

POUR 4 À 6 PERSONNES

INGRÉDIENTS

- 1 laitue frisée rouge
- 2 avocats mûrs, en quartiers
- 1 tomate, en quartiers
- 2 oignons verts émincés
- Vinaigrette à la moutarde de Dijon (voir recette p. 60)

- Laver, sécher et déchiqueter les feuilles de laitue. Mettre tous les ingrédients dans un saladier et bien mélanger.

- Servir et assaisonner de vinaigrette à la moutarde de Dijon.

SALADE D'ÉPINARDS ET DE FÈVES GERMÉES

POUR 4 PERSONNES

INGRÉDIENTS

- 1/3 lb (150 g) d'épinards frais, équeutés
- 2 tasses (500 ml) de fèves germées
- 1/2 poivron rouge en lanières
- Vinaigrette tamari (voir recette p. 66)

- Laver et sécher les épinards et les fèves germées. Dans un saladier, mettre les épinards préalablement déchiquetés avec les fèves germées et les lanières de poivron. Bien mélanger.

- Servir la salade et assaisonner de vinaigrette tamari.

SALADE DE CHOU VERT ET ROUGE

POUR 4 PERSONNES

INGRÉDIENTS

- 2 tasses (500 ml) de chou vert râpé
- 1 tasse (250 ml) de chou rouge râpé
- 1/2 poivron vert émincé
- 1 branche de céleri, en dés
- 1 oignon vert finement haché

VINAIGRETTE

- 1/2 tasse (125 ml) de yogourt nature
- 1 c. à soupe (15 ml) d'huile d'olive de première pression à froid
- 1/2 c. à thé (2 ml) de moutarde de Dijon
- 1 gousse d'ail pelée et broyée
- Sel et poivre au goût

- Mélanger tous les légumes dans un saladier.

- Dans un petit bol, à l'aide d'un fouet, mélanger tous les ingrédients de la vinaigrette. Verser sur la salade, mélanger pour bien l'enrober et servir.

SALADE DE LUZERNE

POUR 4 PERSONNES

INGRÉDIENTS

- 1 laitue Boston
- 2 tasses (500 ml) de luzerne
- 1 tomate bien mûre, en quartiers
- 1 cornichon frais, en fines rondelles
- 2 oignons verts émincés
- Vinaigrette au choix (voir recettes p. 60 à 66)

- Laver et sécher les feuilles de laitue. Déchiqueter la verdure et mettre dans un saladier.

- Ajouter le reste des ingrédients et bien mélanger. Servir et assaisonner de vinaigrette.

SALADE DE RADIS
ET DE FENOUIL

POUR 4 PERSONNES

INGRÉDIENTS

- 2 tasses (500 ml) de chou frisé finement haché
- 2 tasses (500 ml) de radis en fines rondelles
- 2 oignons verts finement hachés
- 1 bulbe de fenouil émincé

VINAIGRETTE

- 1/2 tasse (125 ml) d'huile d'olive de première pression à froid
- 1/4 tasse (50 ml) de vinaigre balsamique
- 1/2 c. à thé (2 ml) de moutarde en poudre
- 1/4 c. à thé (1 ml) de poivre noir moulu
- 1 pincée de sel

- Dans un saladier, mélanger le chou, les radis avec les oignons verts et le fenouil.

- Dans un petit bol, bien mélanger tous les ingrédients de la vinaigrette à l'aide d'un fouet. Verser sur la salade et servir.

SALADE GRECQUE

POUR 4 PERSONNES

INGRÉDIENTS

- 2 tomates moyennes bien mûres, en quartiers
- 2 oignons moyens, en quartiers
- 7 oz (200 g) de fromage feta émietté
- Vinaigrette balsamique (voir recette p. 63)
- Olives noires de Kalamata au goût

- Dans un saladier, mettre les quartiers de tomates, d'oignons et le fromage feta. Bien mélanger le tout.

- Assaisonner la salade de vinaigrette balsamique et mélanger pour bien l'enrober. Garnir d'olives noires de Kalamata. Laisser reposer 15 minutes avant de servir.

SALADE MARINÉE À L'ORIENTALE

POUR 3 OU 4 PERSONNES

INGRÉDIENTS

- 2 tasses (500 ml) de chou de Savoie en fines lanières
- 1/2 poivron rouge, émincé
- 1 tasse (250 ml) de pois mange-tout coupés en deux
- 1 oignon vert, en rondelles

VINAIGRETTE

- 2 c. à soupe (30 ml) de sauce tamari
- 2 c. à soupe (30 ml) d'eau
- 1 c. à soupe (15 ml) de gingembre frais, finement haché
- 2 c. à thé (10 ml) d'huile de sésame
- 1/4 c. à thé (1 ml) d'ail en poudre
- 1/4 c. à thé (1 ml) de poudre de chili

- Mélanger tous les légumes dans un saladier.

- Dans un petit bol, bien mélanger tous les ingrédients de la vinaigrette à l'aide d'un fouet. Verser sur les légumes et servir.

VINAIGRETTES

VINAIGRETTE À LA MOUTARDE DIJON

DONNE 1/2 TASSE (125 ML)

INGRÉDIENTS

- 1/2 tasse (125 ml) d'huile d'olive de première pression à froid
- 2 c. à soupe (30 ml) de moutarde de Dijon
- 1 1/2 c. à soupe (22 ml) de jus de citron frais
- 1 grosse gousse d'ail pelée et broyée
- 2 c. à thé (10 ml) de persil frais, finement haché
- Sel et poivre au goût

- Dans un petit bol, à l'aide d'un fouet, mélanger tous les ingrédients de la vinaigrette.

VINAIGRETTE À SALADE CÉSAR

DONNE 1/2 TASSE (125 ML)

INGRÉDIENTS

- 1 gros jaune d'œuf
- 2 c. à soupe (30 ml) de jus de citron frais
- 1 grosse gousse d'ail pelée et broyée
- 1/2 tasse (125 ml) d'huile d'olive de première pression à froid
- Sel et poivre au goût

- Battre le jaune d'œuf dans un bol. Ajouter le jus de citron, l'ail et incorporer l'huile d'olive en un mince filet tout en battant continuellement. Saler et poivrer.

VINAIGRETTE AUX TROIS HUILES

DONNE 1 TASSE (250 ML)

INGRÉDIENTS

- 1/4 tasse (50 ml) d'huile d'olive de première pression à froid
- 1/4 tasse (50 ml) d'huile de tournesol de première pression à froid
- 1/4 tasse (50 ml) d'huile de canola (colza) de première pression à froid
- 1/4 tasse (50 ml) de jus de citron frais
- 2 gousses d'ail pelées et broyées
- 1 c. à soupe (15 ml) de moutarde de Dijon
- 1 c. à soupe (15 ml) de coriandre fraîche, finement hachée
- 1 c. à soupe (15 ml) d'estragon frais, finement haché
- Sel et poivre au goût

- Dans un bol, à l'aide d'un fouet, bien mélanger tous les ingrédients de la vinaigrette.

VINAIGRETTE BALSAMIQUE

DONNE 1 TASSE (250 ML)

INGRÉDIENTS

- 3/4 tasse (175 ml) d'huile d'olive de première pression à froid
- 1/4 tasse (50 ml) de bouillon de poulet maison dégraissé
- 3 c. à soupe (45 ml) de vinaigre balsamique
- 2 c. à soupe (30 ml) de jus de citron frais
- 1 grosse gousse d'ail pelée et broyée
- 1 c. à soupe (15 ml) d'origan frais, finement haché
- 1 c. à soupe (15 ml) de basilic frais, finement haché
- Sel et poivre au goût

- Dans un bol, à l'aide d'un fouet, bien mélanger tous les ingrédients de la vinaigrette.

VINAIGRETTE CRÉMEUSE

DONNE 3/4 DE TASSE (175 ML) ENVIRON

INGRÉDIENTS

- 1 jaune d'œuf
- 2 c. à thé (10 ml) de moutarde de Dijon
- 2 c. à thé (10 ml) de persil frais, finement haché
- Sel et poivre au goût
- 2 c. à soupe (30 ml) de jus de citron frais
- 1/4 tasse (50 ml) d'huile d'olive de première pression à froid
- 1/4 tasse (50 ml) d'huile de tournesol de première pression à froid
- 2 c. à soupe (30 ml) de crème sure

- Battre le jaune d'œuf avec la moutarde et le persil dans un bol. Saler, poivrer et ajouter le jus de citron.

- Incorporer l'huile d'olive et l'huile de tournesol en un mince filet tout en battant continuellement et ajouter la crème sure.

VINAIGRETTE PARFUMÉE

DONNE 3/4 TASSE (175 ML) ENVIRON

INGRÉDIENTS

- 1/2 tasse (125 ml) d'huile d'olive de première pression à froid
- 3 c. à soupe (45 ml) de jus de lime frais
- 1 1/2 c. à soupe (22 ml) de vinaigre balsamique
- 1 c. à soupe (15 ml) de moutarde de Dijon
- 1 petite gousse d'ail pelée et broyée
- Sel et poivre au goût

- À l'aide d'un fouet, bien mélanger tous les ingrédients de la vinaigrette dans un petit bol.

VINAIGRETTE TAMARI

DONNE 2/3 TASSE (150 ML)

INGRÉDIENTS

- 1/2 tasse (125 ml) de bouillon de poulet maison dégraissé
- 1 à 2 c. à soupe (15 à 30 ml) de sauce tamari
- Le jus d'un demi petit citron frais
- 1 grosse gousse d'ail pelée et broyée
- 1 c. à soupe (15 ml) de flocons de levure alimentaire sèche

- À l'aide d'un fouet, mélanger tous les ingrédients de la vinaigrette dans un petit bol.

TARTINADES
ET TREMPETTES

BRUCHETTA

INGRÉDIENTS

- 2 tomates moyennes bien mûres, épépinées et finement hachées
- 1 c. à soupe (15 ml) d'oignon finement haché
- 1 grosse gousse d'ail pelée et broyée
- 1 c. à soupe (15 ml) d'huile d'olive de première pression à froid
- 1 c. à thé (5 ml) de jus de citron frais
- 1/2 c. à thé (2 ml) de vinaigre balsamique
- 1 c. à soupe (15 ml) de pesto au basilic
- 1 c. à soupe (15 ml) de persil frais, finement haché
- Sel et poivre au goût

- Mettre tous les ingrédients dans un bol et bien mélanger. Laisser reposer au réfrigérateur pendant 3 ou 4 heures avant de servir.

SUGGESTION

Peut servir d'assaisonnement pour les viandes, les poissons, les légumineuses et le riz.

CONCASSÉ DE POIVRONS ROUGES GRILLÉS

DONNE 1 TASSE (250 ML) ENVIRON

INGRÉDIENTS

- 2 c. à soupe (30 ml) d'huile d'olive de première pression à froid
- 2 c. à soupe (30 ml) de persil italien frais, finement haché
- 1 c. à soupe (15 ml) de jus de lime frais
- 1 gousse d'ail pelée et broyée
- 1 tasse (250 ml) de poivrons rouges en gros morceaux et grillés

- Au robot culinaire ou au mélangeur, mettre l'huile d'olive, le persil, le jus de lime avec l'ail et mélanger jusqu'à ce que le persil soit haché très finement.

- Ajouter les poivrons rouges et mélanger en arrêtant successivement l'appareil jusqu'à ce que les poivrons rouges soient hachés grossièrement. Laisser reposer à la température ambiante pendant au moins 30 minutes avant de servir.

SUGGESTION

Peut servir d'assaisonnement pour les volailles, les poissons, les pâtes, le riz et le millet.

GUACAMOLE

INGRÉDIENTS

- 2 avocats moyens mûrs et pelés
- Le jus d'un demi-citron
- 1 tomate italienne finement hachée
- 1 échalote finement hachée
- 2 gousses d'ail pelées et broyées
- 1/4 c. à thé (1 ml) de poivre noir moulu

- Au robot culinaire ou à l'aide d'une fourchette, réduire en purée les avocats avec le jus de citron.

- Ajouter le reste des ingrédients et bien mélanger le tout.

SUGGESTION

Servir sur des craquelins de grains entiers ou en trempette avec des crudités.

HUMMUS

INGRÉDIENTS

- 1 tasse (250 ml) de pois chiches cuits
  (voir mode de cuisson p. 218)
- 1/4 tasse (50 ml) de yogourt nature
- 1/2 c. à thé (2 ml) de cari en poudre
- 2 c. à soupe (30 ml) de jus de citron frais

- Au robot culinaire, mélanger tous les ingrédients jusqu'à ce que la consistance soit crémeuse.

SUGGESTION

Servir sur des craquelins de grains entiers ou en trempette avec des crudités.

MAYONNAISE

DONNE 1 1/2 TASSE (375 ML)

INGRÉDIENTS

- 1 gros œuf
- 1 c. à thé (5 ml) de jus de citron frais
- 1 gousse d'ail pelée et broyée
- 1 pincée de sel
- 1 tasse (250 ml) d'huile d'olive de première pression à froid

- Au mélangeur, mettre l'œuf, le jus de citron avec l'ail et le sel. Mélanger le tout et ajouter l'huile d'olive en un mince filet jusqu'à l'obtention d'une mayonnaise crémeuse.

PURÉE DE POIS CHICHES

DONNE 2 TASSES (500 ML) ENVIRON

INGRÉDIENTS

- 1 tasse (250 ml) de pois chiches cuits
  (voir mode de cuisson p. 218)
- 1/3 de tasse (75 ml) de beurre de sésame
- 2 c. à soupe (30 ml) d'huile d'olive de première pression à froid
- 2 c. à soupe (30 ml) de poivron rouge finement haché
- 2 c. à soupe (30 ml) de poivron vert finement haché
- 1 grosse gousse d'ail pelée et broyée
- 2 c. à thé (30 ml) de jus de lime frais
- 1 c. à soupe (15 ml) de menthe fraîche, finement hachée
- Sel et poivre au goût

- Mettre tous les ingrédients sauf les pois chiches dans un mélangeur ou un robot culinaire et réduire en purée.

- Ajouter graduellement les pois chiches; au besoin incorporer un peu de court-bouillon ou d'eau pour obtenir une consistance plus lisse et rectifier l'assaisonnement.

SUGGESTION

Servir sur des craquelins de grains entiers.

SALSA FROIDE

INGRÉDIENTS

- 1 c. à soupe (15 ml) d'huile d'olive de première pression à froid
- 1 oignon moyen, en dés
- 2 gousses d'ail pelées et broyées
- 1/2 poivron vert, en dés
- 1/2 poivron rouge, en dés
- 1 tasse (250 ml) de tomates, en dés
- 1 c. à thé (5 ml) de vinaigre de vin rouge
- 1/2 c. à thé (2 ml) de cumin
- 1/4 c. à thé (1 ml) de poivre noir moulu
- 1 pincée de piment de Cayenne

- Dans un bol, mélanger tous les ingrédients. Mettre au réfrigérateur pendant au moins 12 heures avant de servir.

TREMPETTE DÉLICIEUSE

DONNE 1 TASSE (250 ML)

INGRÉDIENTS

- 1/2 tasse (125 ml) de crème sure
- 1/4 tasse (50 ml) de yogourt nature
- 2 c. à soupe (30 ml) d'oignon rouge finement haché
- 1 gousse d'ail pelée et broyée
- 2 c. à soupe (30 ml) de ciboulette fraîche, finement hachée
- 1 c. à thé (5 ml) d'aneth frais, finement haché (facultatif)

- Mélanger tous les ingrédients dans un contenant hermétique. Réfrigérer pendant 45 minutes environ avant de servir.

SUGGESTION

Peut servir de trempette aux crudités et viandes grillées.

TZATZIKI

INGRÉDIENTS

- 3/4 tasse (175 ml) de crème sure
- 1/4 tasse (50 ml) de yogourt nature
- 2 c. à soupe (30 ml) de cornichon frais, en dés
- 2 grosses gousses d'ail pelées et broyées
- 1 c. à soupe (15 ml) de jus de lime frais
- 1 c. à thé (5 ml) d'huile d'olive de première pression à froid
- 1/2 c. à thé (2 ml) de vinaigre balsamique
- 2 c. à soupe (30 ml) de persil frais, finement haché

- À l'aide d'un fouet, bien mélanger tous les ingrédients dans un petit bol. Réfrigérer au moins 2 heures avant de servir.

SUGGESTION

Peut servir de trempette aux crudités et viandes grillées.

SAUCES
ET BOUILLONS

PESTO AU PERSIL

DONNE 3 TASSES (750 ML) ENVIRON

INGRÉDIENTS

- 2 tasses (500 ml) de persil frais, finement haché
- 1/4 tasse (50 ml) de fromage parmesan frais, râpé
- 1 gousse d'ail pelée et broyée
- 1/2 tasse (125 ml) de pignons
- 1/2 tasse (125 ml) d'huile d'olive de première pression à froid

- Hacher le persil au robot culinaire. Ajouter le parmesan, l'ail et les pignons.

- Réduire le tout pour obtenir un mélange bien lisse et incorporer l'huile d'olive en un mince filet.

N.B. Il est possible de remplacer le persil frais par du basilic frais.

SALSA CHAUDE

DONNE 4 TASSES (1 L) ENVIRON

INGRÉDIENTS

- 1 c. à soupe (15 ml) d'huile d'olive de première pression à froid
- 1 oignon moyen, en dés
- 2 gousses d'ail pelées et broyées
- 1/2 poivron vert, en dés
- 1/2 poivron rouge, en dés
- 2 tasses (500 ml) de tomates broyées
- 1 c. à thé (5 ml) de vinaigre de vin rouge
- 1/2 c. à thé (2 ml) de cumin
- 1/4 c. à thé (1 ml) de poivre noir moulu
- 1 pincée de piment de Cayenne

- Mettre l'huile d'olive dans une casserole et faire sauter l'oignon avec l'ail et les poivrons jusqu'à ce que l'oignon soit translucide.

- Ajouter les tomates, le vinaigre de vin et les assaisonnements. Bien mélanger et laisser mijoter pendant 30 minutes.

SUGGESTION

Peut servir d'assaisonnement pour les volailles, les poissons et la lasagne.

SAUCE À LA VIANDE

POUR 6 PERSONNES

INGRÉDIENTS

- 3 tasses (750 ml) de tomates broyées
- 3 tasses (750 ml) de sauce tomate
- 1/4 tasse (50 ml) de pâte de tomates
- 2 c. à soupe (30 ml) d'huile d'olive de première pression à froid
- 2 oignons moyens, grossièrement hachés
- 1 branche de céleri grossièrement hachée
- 1 poivron vert moyen, grossièrement haché
- 1/2 lb (225 g) de bœuf ou de veau maigre haché
- 1 c. à thé (5 ml) de concentré de bouillon végétal «Nutri-Chef»
- 1 1/2 c. à soupe (7 ml) de fines herbes de Provence séchées
- 1/4 c. à thé (1 ml) de piments rouges séchés
- Sel et poivre au goût
- 1 grosse gousse d'ail pelée et broyée

- Mettre les tomates broyées, la sauce et la pâte de tomates dans une grande casserole. Ajouter l'huile d'olive, les oignons avec le céleri et le poivron. Réserver.

- Dans un poêlon antiadhésif, faire brunir le bœuf ou le veau.

- Dégraisser la viande et ajouter à la sauce avec le concentré de bouillon. Assaisonner de fines herbes, de piments, de sel et de poivre. Bien mélanger le tout, couvrir et laisser mijoter à feu doux pendant 30 minutes en remuant de temps à autre.

- Ajouter l'ail et poursuivre la cuisson de 45 à 60 minutes, à découvert.

SAUCE AUX LENTILLES

POUR 3 OU 4 PERSONNES

INGRÉDIENTS

- 1 c. à soupe (15 ml) d'huile d'olive de première pression à froid
- 1 oignon moyen, finement haché
- 1 gousse d'ail pelée et broyée
- 1 branche de céleri finement hachée
- 1/2 tasse (125 ml) de champignons émincés
- 2 tasses (500 ml) de tomates broyées
- 1/2 tasse (125 ml) de pâte de tomates
- 1/2 c. à thé (2 ml) d'origan séché
- 1/2 c. à thé (2 ml) de basilic séché
- 1/4 c. à thé (1 ml) de thym séché
- 1/4 c. à thé (1 ml) de poivre noir moulu
- 1 tasse (250 ml) de lentilles cuites
  (voir mode de cuisson p. 218)

- Dans une casserole, faire revenir l'oignon, l'ail, le céleri et les champignons dans l'huile d'olive pendant 2 à 3 minutes.

- Ajouter les tomates avec la pâte de tomates et les assaisonnements. Bien mélanger le tout et laisser mijoter pendant 10 minutes environ.

- Incorporer les lentilles et poursuivre la cuisson pendant 5 minutes.

SAUCE AUX TOMATES FRAÎCHES ET AU POIVRON ROUGE

POUR 3 OU 4 PERSONNES

INGRÉDIENTS

- 2 c. à soupe (30 ml) d'huile d'olive de première pression à froid
- 1/2 oignon moyen, haché
- 1 gousse d'ail pelée et broyée
- 1 poivron rouge épépiné et haché
- 5 tomates italiennes fraîches, hachées
- 12 feuilles de basilic frais, finement hachées
- 1 feuille de laurier
- 1 pincée de gros sel
- 1/4 c. à thé (1 ml) de poivre noir moulu

- Mettre l'huile d'olive dans une casserole et faire revenir l'oignon avec l'ail et le poivron rouge à feu moyen pendant 10 minutes.

- Ajouter les tomates et les assaisonnements. Couvrir et laisser mijoter pendant 20 minutes environ en remuant de temps à autre.

- Retirer la feuille de laurier de la sauce et réduire la préparation en purée au mélangeur ou au robot culinaire.

SAUCE BLANCHE AUX ÉPINARDS

POUR 3 OU 4 PERSONNES

INGRÉDIENTS

- 2 c. à soupe (30 ml) d'huile d'olive de première pression à froid
- 2 gousses d'ail pelées et broyées
- 1 oignon moyen, haché
- 2 tasses (500 ml) d'épinards frais, lavés, équeutés et hachés
- 1 tasse (250 ml) de yogourt nature
- 1/4 tasse (50 ml) de vin blanc
- 1/4 c. à thé (1 ml) de muscade moulue
- 1/4 c. à thé (1 ml) de sel
- 1/4 c. à thé (1 ml) de poivre noir moulu
- 2 c. à soupe (30 ml) de pesto au persil (voir recette p. 78)

- Dans un grand poêlon, faire chauffer l'huile d'olive à feu moyen. Ajouter l'ail avec l'oignon et faire cuire de 3 à 5 minutes ou jusqu'à ce que l'oignon soit tendre.

- Ajouter les épinards et poursuivre la cuisson pendant 1 minute en remuant continuellement.

- Incorporer le reste des ingrédients et faire cuire pendant 2 ou 3 minutes en remuant de temps à autre. Napper des pâtes complètes avec la sauce et servir.

SUGGESTION

Peut servir de sauce d'accompagnement pour les volailles et les poissons blancs.

SAUCE ROSÉE

POUR 3 OU 4 PERSONNES

INGRÉDIENTS

- 2 c. à soupe (30 ml) d'huile d'olive de première pression à froid
- 1 oignon moyen, haché
- 2 gousses d'ail pelées et broyées
- 1 tasse (250 ml) de yogourt nature
- 1/4 tasse (50 ml) de crème champêtre 15%
- 1/2 tasse (125 ml) de tomates, en dés
- 1/4 tasse (50 ml) de tomates broyées
- 1/4 tasse (50 ml) de vin blanc
- 1/4 c. à thé (1 ml) de muscade moulue
- 1/4 c. à thé (1 ml) de sel
- 1/4 c. à thé (1 ml) de poivre noir moulu

- Mettre l'huile d'olive dans une casserole et faire revenir l'oignon avec l'ail à feu moyen de 3 à 5 minutes ou jusqu'à ce que l'oignon soit tendre.

- Ajouter le reste des ingrédients et laisser mijoter pendant 5 minutes. Servir sur des pâtes complètes.

SAUCE TOMATE AU TOFU

POUR 4 À 6 PERSONNES

INGRÉDIENTS

- 7 tasses (1,75 l) de tomates broyées
- 1 1/4 tasse (300 ml) de pâte de tomates
- 2 grosses gousses d'ail pelées et broyées
- 1 1/2 c. à soupe (22 ml) de concentré de bouillon végétal «Nutri-Chef»
- 2 c. à thé (10 ml) de basilic séché
- 1 c. à thé (5 ml) de fines herbes de Provence séchées
- 7 1/2 oz (225 g) de tofu
- 2 c. à soupe (30 ml) d'huile d'olive de première pression à froid

- Mettre les tomates broyées et la pâte de tomates dans une casserole. Ajouter l'ail, le concentré de bouillon avec le basilic et les fines herbes. Couvrir et laisser mijoter à feu doux pendant 30 minutes environ.

- Passer le tofu au robot culinaire avec 1/4 de tasse de sauce tomate pour obtenir une consistance homogène. Ajouter à la sauce avec l'huile d'olive. Poursuivre la cuisson de 30 à 45 minutes, à découvert.

SAUCE TOMATE ITALIENNE

POUR 3 OU 4 PERSONNES

INGRÉDIENTS

- 4 tasses (1 L) de tomates italiennes fraîches, pelées
- 3 gousses d'ail pelées et broyées
- 2 c. à soupe (30 ml) de basilic frais, finement haché
- 2 c. à soupe (30 ml) d'huile d'olive de première pression à froid

- Au robot culinaire, réduire les tomates en purée.

- Ajouter le reste des ingrédients. Bien mélanger et servir la sauce sur des pâtes complètes chaudes.

N.B. Il est conseillé de faire tremper les tomates dans l'eau bouillante pendant 30 secondes pour les peler plus facilement.

BOUILLON DE BŒUF MAISON

DONNE 5 TASSES (1,25 L) ENVIRON

INGRÉDIENTS

- 1 c. à soupe (15 ml) d'huile d'olive de première pression à froid
- 3 lb (1,35 kg) de jarrets de bœuf
- 6 tasses (1,5 l) d'eau
- 2 oignons moyens, grossièrement hachés
- 1 branche de céleri avec les feuilles, hachée
- 2 grosses gousses d'ail pelées et broyées
- 1/2 c. à thé (2 ml) de fines herbes de Provence séchées
- 1 pincée de moutarde en poudre
- Sel et poivre au goût

- Mettre l'huile d'olive dans une grande casserole et faire revenir le bœuf. Ajouter le reste des ingrédients. Porter à ébullition. Couvrir et laisser mijoter à feu doux de 1 1/2 à 2 heures. Laisser reposer pendant 30 minutes.

- Verser le bouillon de la casserole dans une passoire fine au-dessus d'un grand bol.

- Couvrir et réfrigérer. À l'aide d'une cuillère, dégraisser le bouillon, une fois refroidi, avant de l'employer.

N.B. Au-delà de 3 jours, il est recommandé de congeler le bouillon.

BOUILLON DE POULET MAISON

DONNE 5 TASSES (1,25 L) ENVIRON

INGRÉDIENTS

- 1 grosse carcasse de poulet de grains en morceaux
- 6 tasses (1,5 l) d'eau
- 2 oignons moyens, en quartiers
- 3 branches de céleri avec les feuilles, grossièrement hachées
- 1/2 navet en gros morceaux
- 2 grosses gousses d'ail pelées et broyées
- 1 c. à soupe (15 ml) de persil séché haché
- 1/2 c. à thé (2 ml) de fines herbes de Provence séchées
- 1 petite feuille de laurier
- Sel et poivre au goût

- Dans une grande casserole, mélanger tous les ingrédients. Porter à ébullition, couvrir et laisser mijoter à feu doux de 1 1/2 à 2 heures. Laisser reposer pendant 30 minutes.

- Filtrer et dégraisser de la même façon que le bouillon de bœuf. Conserver au réfrigérateur ou le congeler.

COURT-BOUILLON

DONNE 4 TASSES (1 L) ENVIRON

INGRÉDIENTS

- 5 tasses (1,25 l) d'eau
- 1/2 tasse (125 ml) de vinaigre de vin rouge
- 1/2 c. à thé (2 ml) de gros sel
- 1 branche de céleri grossièrement hachée
- 1/4 tasse (50 ml) d'oignon haché
- 1/4 c. à thé (1 ml) de thym séché
- 1/2 c. à thé (2 ml) de poivre en grains
- 1 feuille de laurier
- 1 c. à thé (5 ml) de persil frais, finement haché

- Dans une casserole, porter l'eau à ébullition.

- Ajouter tous les ingrédients, couvrir et laisser mijoter pendant 30 minutes.

- Filtrer le bouillon à l'aide d'une passoire fine.

VIANDES

BŒUF MONTRÉALAIS

POUR 4 PERSONNES

INGRÉDIENTS

- Huile d'olive de première pression à froid
- 1 lb (450 g) de surlonge de bœuf, dégraissée et coupée en lanières de 2,5 cm (1 po) de longueur
- 2 oignons émincés
- 2 tasses (500 ml) de champignons émincés
- 1/3 tasse (75 ml) de bouillon de bœuf maison dégraissé
- 2 grosses gousses d'ail pelées et broyées
- 1 c. à thé (5 ml) de moutarde de Dijon
- Sel et poivre au goût
- 1 pincée de paprika
- 1/4 tasse (50 ml) de vin rouge sec
- 1/2 c. à thé (2 ml) de son d'avoine
- 1/2 tasse (125 ml) de crème sure
- 2 c. à soupe (30 ml) de ciboulette fraîche, finement hachée
- 3 c. à soupe (45 ml) de persil frais, haché finement

- Dans une grande casserole, faire brunir le bœuf dans 2 c. à soupe d'huile d'olive. Retirer la viande et réserver.

- Mettre 1 c. à soupe d'huile d'olive dans la même casserole et faire revenir les oignons avec les champignons jusqu'à ce qu'ils deviennent tendres.

- Remettre le bœuf dans la casserole. Ajouter le bouillon, l'ail, la moutarde et les assaisonnements. Laisser mijoter à feu doux pendant 10 minutes environ.

- Incorporer le vin et poursuivre la cuisson pendant 10 minutes.

- Retirer la casserole du feu et ajouter le son d'avoine, la crème sure avec la ciboulette et le persil. Bien mélanger et servir.

BOULETTES D'AGNEAU AU PARMESAN

POUR 6 PERSONNES

INGRÉDIENTS

- 1 1/2 lb (675 g) d'agneau maigre haché
- 1 oignon moyen, haché finement
- 2 c. à soupe (30 ml) de son d'avoine
- 1/2 tasse (125 ml) de jus de tomates
- 2 grosses gousses d'ail pelées et broyées
- 1 c. à soupe (15 ml) de fines herbes de Provence séchées
- Sel et poivre au goût

SAUCE AU PARMESAN

- 2 c. à thé (10 ml) d'huile d'olive de première pression à froid
- 1 oignon vert émincé
- 1/4 tasse (50 ml) de vin blanc
- 1/2 tasse (125 ml) de crème champêtre 15 %
- 3 c. à soupe (45 ml) de fromage parmesan frais, râpé
- 1 c. à soupe (15 ml) de persil frais, finement haché

- Dans un bol, bien mélanger l'agneau, l'oignon, le son, le jus de tomates avec l'ail et les assaisonnements. Laisser reposer au réfrigérateur pendant 30 minutes et préparer 6 boulettes.

- Pour la préparation de la sauce, mettre l'huile d'olive dans une petite casserole et faire revenir l'oignon vert à feu doux. Déglacer avec le vin, incorporer la crème et laisser cuire à feu très doux pendant 30 secondes. Ajouter le fromage et le persil, puis fouetter la sauce pendant 2 minutes ou jusqu'à l'obtention d'une consistance crémeuse.

- Dans un poêlon antiadhésif, faire cuire les boulettes pendant 3 minutes environ de chaque côté. Servir et napper de sauce.

BROCHETTES DE VEAU

POUR 4 PERSONNES

INGRÉDIENTS

- 1 1/2 lb (675 g) de longe de veau, désossée et dégraissée
- 16 petits oignons pelés
- 1 courgette moyenne, en rondelles d'environ 1 cm (1/2 po) d'épaisseur
- 16 tomates cerises

MARINADE

- 1/4 tasse (50 ml) d'huile d'olive de première pression à froid
- 1 c. à soupe (15 ml) sauce tamari
- 2 c. à soupe (30 ml) de gingembre frais, finement haché
- 2 c. à thé (10 ml) de cari en poudre

- Tailler la viande en morceaux de 2,5 cm (1 po) de côté et réserver.

- Dans un grand bol, mélanger tous les ingrédients de la marinade et réserver le quart pour badigeonner pendant la cuisson. Ajouter la viande et bien remuer pour l'enrober. Réfrigérer pendant 3 heures environ.

- Faire bouillir les oignons dans de l'eau légèrement salée jusqu'à ce qu'ils ramollissent.

- Préchauffer le four à gril.

- Enfiler la viande marinée sur des brochettes de métal en alternant avec les légumes. Badigeonner les oignons, les rondelles de courgette et les tomates avec le reste de la marinade.

- Déposer les brochettes dans un plat peu profond allant au four. Faire griller pendant 15 minutes environ en prenant soin de les retourner et de les badigeonner à nouveau de marinade à la mi-cuisson.

CHILI CON CARNE

POUR 4 PERSONNES

INGRÉDIENTS

- 3 c. à soupe (45 ml) d'huile d'olive de première pression à froid
- 1 gros oignon grossièrement haché
- 1/2 poivron vert grossièrement haché
- 1 branche de céleri grossièrement hachée
- 1 lb (450 g) de bœuf maigre haché
- 3 gousses d'ail pelées et broyées
- 2 c. à thé (10 ml) d'origan séché
- 2 c. à thé (10 ml) de cumin
- 1 à 2 c. à thé (5 à 10 ml) de poudre de chili
- 5 tasses (1,25 l) de tomates broyées
- 2 c. à thé (10 ml) de concentré de bouillon végétal «Nutri-Chef»
- 1 c. à thé (5 ml) de sauce tamari
- 2 tasses (500 ml) de haricots rouges cuits (voir mode de cuisson p. 218)

- Mettre l'huile d'olive dans un poêlon et faire revenir l'oignon avec le poivron et le céleri à feu doux.

- Pendant ce temps, faire brunir le bœuf dans une casserole. Ajouter les légumes, l'ail et les assaisonnements à la viande. Bien mélanger le tout et faire cuire à feu doux quelques minutes.

- Ajouter les tomates broyées, le concentré de bouillon et le tama-ri. Laisser mijoter à feu doux pendant 30 minutes.

- Incorporer les haricots rouges et poursuivre la cuisson pendant 15 minutes environ.

CIGARES AU CHOU

POUR 4 PERSONNES

INGRÉDIENTS

- 8 grosses feuilles de chou vert
- 2 c. à soupe (30 ml) d'huile d'olive de première pression à froid
- 3 oignons moyens, hachés
- 3 gousses d'ail pelées et broyées
- 1 lb (450 g) d'agneau maigre haché
- 1 tasse (250 ml) de lentilles vertes cuites (voir mode de cuisson p. 218)
- 2 c. à soupe (30 ml) de sauce tamari
- 1 c. à soupe (15 ml) d'origan séché
- 1 c. à soupe (15 ml) de basilic séché
- 1/2 c. à thé (2 ml) de paprika
- Sel et poivre au goût
- 4 tasses (1 L) de sauce tomate italienne (voir recette p. 87)
- Persil frais, haché au goût

- Faire cuire les feuilles de chou à la vapeur pour les attendrir. Réserver.

- Mettre l'huile d'olive dans une casserole et faire revenir les oignons avec l'ail à feu moyen pendant 5 minutes environ.

- Ajouter l'agneau et faire cuire de 8 à 10 minutes.

- Incorporer les lentilles vertes, le tamari et les assaisonnements. Poursuivre la cuisson pendant 5 minutes.

- Préchauffer le four à 350 °F (180 °C).

- Répartir également la préparation sur les 8 feuilles de chou. Rouler et piquer chaque cigare avec un cure-dent. Les déposer dans un plat allant au four. Verser la sauce tomate italienne, couvrir d'un papier d'aluminium et mettre au four pendant 1 heure.

CÔTELETTES DE PORC
À LA MARINADE

POUR 4 PERSONNES

INGRÉDIENTS

- Huile d'olive de première pression à froid
- 1 oignon moyen, finement haché
- 6 tomates moyennes bien mûres, pelées et hachées grossièrement
- 1 grosse gousse d'ail pelée et broyée
- 3 c. à soupe (45 ml) de pesto au basilic
- 2 c. à soupe (30 ml) de jus de lime frais
- 1 c. à thé (5 ml) d'origan séché
- 1 c. à thé (5 ml) d'estragon séché
- 1 c. à thé (5 ml) de sel de céleri
- 1/2 c. à thé (2 ml) de coriandre en poudre
- Sel et poivre au goût
- 8 côtelettes de porc grillées

- Dans une grande casserole, faire revenir l'oignon dans 2 c. à soupe d'huile d'olive à feu doux pendant 3 minutes.

- Ajouter les tomates avec 2 c. à soupe d'huile d'olive et le reste des ingrédients. Bien mélanger la sauce. Couvrir partiellement et laisser mijoter à feu doux de 1 à 1 1/2 heure en remuant de temps à autre.

- Réfrigérer la marinade de 10 à 12 heures et servir sur les côtelettes de porc grillées.

N.B. Il est conseillé de faire tremper les tomates dans de l'eau bouillante pendant 30 secondes pour les peler plus facilement.

ÉMINCÉ DE VEAU AUX LÉGUMES

POUR 4 PERSONNES

INGRÉDIENTS

- 2 c. à soupe (30 ml) d'huile d'olive de première pression à froid
- 2 oignons moyens, finement hachés
- 1/2 poivron vert en lanières
- 1 courgette en fines rondelles
- 1/3 chou-fleur en petits bouquets
- 1 tasse (250 ml) de champignons émincés
- 1 lb (450 g) de longe de veau, désossée, dégraissée et coupée en lanières de 2,5 cm (1 po) de longueur
- 5 tasses (1,25 l) de tomates broyées
- 2 gousses d'ail pelées et broyées
- 3 c. à soupe (45 ml) de vinaigre de vin rouge
- 2 c. à soupe (30 ml) de moutarde de Dijon
- 1 c. à thé (5 ml) de concentré de bouillon végétal «Nutri-Chef»
- 1 c. à thé (5 ml) de fines herbes de Provence séchées
- Sel et poivre au goût

- Dans une casserole, faire revenir tous les légumes dans l'huile d'olive à feu doux. Ajouter les lanières de veau et faire saisir 5 minutes.

- Ajouter les tomates broyées, l'ail, le vinaigre de vin rouge avec la moutarde et le concentré de bouillon. Assaisonner de fines herbes, de sel et de poivre. Bien mélanger et laisser mijoter à feu doux pendant 30 minutes environ.

ESCALOPES DE VEAU AU VIN BLANC

POUR 4 PERSONNES

INGRÉDIENTS

- Huile d'olive de première pression à froid
- 1 1/2 lb (675 g) d'escalopes de veau
- 1 oignon moyen, émincé
- 2 grosses gousses d'ail pelées et broyées
- 1 1/2 tasse (375 ml) de champignons émincés
- 2 c. à soupe (30 ml) de jus de lime frais
- 2 c. à thé (10 ml) de sauce tamari
- 2 c. à thé (10 ml) de vinaigre balsamique
- 1/4 tasse (50 ml) de vin blanc sec
- Sel et poivre au goût

- Dans un grand poêlon, faire saisir les escalopes de veau dans une petite quantité d'huile d'olive pendant 2 ou 3 minutes de chaque côté. Réserver dans un autre plat.

- Dans le même poêlon, faire revenir l'oignon avec l'ail et les champignons dans 3 c. à soupe d'huile d'olive à feu doux pendant 5 minutes. Ajouter le jus de lime, le tamari avec le vinaigre balsamique et poursuivre la cuisson pendant 2 ou 3 minutes.

- Incorporer le vin et la viande à la préparation. Assaisonner de sel, de poivre et bien mélanger. Couvrir et laisser mijoter à feu doux pendant 3 minutes.

LASAGNE

POUR 4 À 6 PERSONNES

INGRÉDIENTS

- 9 pâtes de blé entier pour lasagne
- 5 tasses (1,25 l) de sauce à la viande (voir recette p. 80)
- 2 tasses (500 ml) de brocoli en petits bouquets
- 2 tasses (500 ml) de chou-fleur en petits bouquets
- 1 courgette moyenne, en fines rondelles
- 3 1/2 oz (100 g) d'épinards frais, lavés, équeutés et égouttés
- 2 tasses (500 ml) de fromage gruyère râpé

- Faire cuire les pâtes dans de l'eau bouillante salée pendant 10 minutes et les égoutter.

- Préchauffer le four à 350 °F (180 °C).

- Dans un grand plat à lasagne, déposer 3 pâtes à lasagne. Étaler la moitié de la sauce à la viande et les légumes.

- Répéter la même étape afin d'obtenir un autre étage et terminer avec 3 pâtes à lasagne. Recouvrir de fromage

- Mettre au four pendant 45 minutes environ.

PAIN DE VIANDE AU GRUAU

POUR 4 À 6 PERSONNES

INGRÉDIENTS

- 2 lb (900 g) de bœuf haché maigre
- 2 gros œufs battus
- 1 1/4 tasse (300 ml) de jus de tomates
- 3/4 tasse (175 ml) de flocons d'avoine entière hachés
- 1/4 tasse (50 ml) de flocons de blé entier hachés
- 1 pincée de poivre noir moulu
- 1 pincée de sauge séchée
- 1 pincée de basilic séché
- 1/4 tasse (50 ml) d'oignon finement haché

- Préchauffer le four à 350 °F (180 °C).

- Mélanger le bœuf avec les œufs et le jus de tomates dans un grand bol.

- Ajouter les flocons d'avoine, de blé, les assaisonnements et l'oignon à la préparation. Bien mélanger le tout.

- Tasser le mélange dans un moule à pain. Cuire au four pendant 1 1/2 heure.

SUGGESTION

Servir avec le bruchetta ou le concassé de poivrons rouges grillés (voir recette p. 68-69).

POIVRONS ROUGES ANDALOUSE

POUR 4 PERSONNES

INGRÉDIENTS

- Huile d'olive de première pression à froid
- 1 lb (450 g) de bœuf haché maigre
- 3 c. à soupe (45 ml) de sauce tamari
- 1 c. à soupe (15 ml) de vinaigre balsamique
- 4 poivrons rouges en lanières
- 1 petite gousse d'ail pelée et broyée
- 2 c. à soupe (30 ml) de jus de lime frais
- 1/4 c. à thé (1 ml) de thym séché
- 1/4 c. à thé (1 ml) de poudre de cari
- 1 pincée d'oignon en poudre
- Poivre au goût
- 3/4 lb (350 g) de pois verts surgelés

- Dans un poêlon antiadhésif, faire brunir le bœuf en prenant soin d'ajouter le tiers de la sauce tamari avec le vinaigre balsamique à la mi-cuisson. Réserver.

- Dans une grande casserole, faire revenir les poivrons dans 1/4 de tasse d'huile d'olive à feu moyen pendant 3 minutes. Incorporer l'ail avec la moitié du jus de lime et le reste de la sauce tamari. Ajouter les assaisonnements et poursuivre la cuisson jusqu'à ce que les légumes deviennent tendres.

- Incorporer le bœuf, les pois verts, le reste du jus de lime et 2 c. à soupe d'huile d'olive. Bien mélanger le tout, couvrir et faire cuire à feu moyen de 20 à 25 minutes en remuant de temps à autre.

POIVRONS VERTS FARCIS

POUR 4 PERSONNES

INGRÉDIENTS

- 8 poivrons verts moyens
- 3 c. à soupe (45 ml) d'huile d'olive de première pression
- 10 oignons verts, émincés
- 2 tasses (500 ml) de champignons émincés
- 1 tasse (250 ml) de céleri émincé
- 1 lb (450 g) de veau maigre haché
- 2 gousses d'ail pelées et broyées
- 1 c. à thé (5 ml) de fines herbes de Provence séchées
- 4 tomates moyennes bien mûres, en dés
- 1 c. à thé (5 ml) de concentré de bouillon végétal «Nutri-Chef»
- 1/3 tasse (75 ml) d'eau chaude
- Sel et poivre au goût
- 3/4 tasse (175 ml) d'orge mondé cuit
  (voir mode de cuisson p. 217)
- 3/4 tasse (125 ml) de fromage parmesan frais, râpé
- 1 tasse (250 ml) de fromage mozzarella partiellement écrémé, râpé

- Couper les poivrons en 2 sur la longueur, vider l'intérieur et bien rincer. Les faire tremper dans de l'eau bouillante pendant 4 minutes. Égoutter sur un papier absorbant et réserver.

- Préchauffer le four à 375 °F (190 °C).

- Mettre l'huile d'olive dans un grand poêlon et faire revenir les oignons verts, les champignons et le céleri à feu doux pendant 3 minutes. Ajouter le veau haché et faire brunir avec l'ail et les fines herbes à feu moyen.

- Incorporer les tomates et le concentré de bouillon végétal préalablement dilué dans l'eau chaude. Saler, poivrer et bien mélanger. Laisser mijoter à feu moyen pendant 8 minutes environ.

- Ajouter l'orge mondé et mélanger le tout. Remplir chacun des poivrons à moitié et saupoudrer de fromage parmesan. Ajouter le reste de la préparation et recouvrir de fromage mozzarella.

- Placer les poivrons dans un plat allant au four et faire cuire pendant 15 minutes environ, ou jusqu'à ce que le fromage soit doré.

PORC AUX FÈVES GERMÉES

POUR 4 PERSONNES

INGRÉDIENTS

- 2 c. à soupe (30 ml) d'huile d'olive de première pression à froid
- 1 oignon moyen, émincé
- 1/2 blanc de poireau émincé
- 1/3 poivron vert en lanières
- 1 branche de céleri émincée
- 1/4 tasse (50 ml) de châtaignes d'eau, en rondelles (facultatif)
- 1 lb (450 g) de longe de porc, désossée, dégraissée et coupée en lanières de 2,5 cm (1 po) de longueur
- 2 tasses (500 ml) de bouillon de poulet maison dégraissé
- 3 c. à soupe (45 ml) de sauce tamari
- 5 tasses (1,25 l) de fèves germées

- Dans une grande casserole, faire revenir, dans l'huile d'olive, à feu doux, l'oignon, le poireau, le poivron, le céleri et les châtaignes d'eau. Ajouter les lanières de porc et faire saisir 5 minutes.

- Incorporer le bouillon de poulet avec le tamari et bien mélanger. Porter à ébullition et laisser mijoter à feu doux pendant 10 minutes.

- Ajouter les fèves germées, couvrir et poursuivre la cuisson pendant 5 minutes en remuant de temps à autre.

RAGOÛT DE VEAU CAJUN

POUR 4 PERSONNES

INGRÉDIENTS

- 3 c. à soupe (45 ml) d'huile d'olive de première pression à froid
- 1 lb (450 g) de veau à ragoût désossé
- 2 grosses gousses d'ail pelées et broyées
- 2 1/2 tasses (625 ml) de bouillon de poulet maison dégraissé
- 12 petits oignons, pelés
- 1 c. à soupe (15 ml) de gingembre frais, finement haché
- 2 c. à thé (10 ml) de poudre de cari
- 1 c. à thé (5 ml) de pesto au basilic
- 1 c. à thé (5 ml) de coriandre en poudre
- 1 pincée de piment de Cayenne
- 3 c. à soupe (45 ml) de vin blanc sec
- 1 poivron vert en morceaux
- 1 poivron rouge en morceaux
- 1 courgette, en rondelles
- 1/2 aubergine moyenne, en morceaux
- 1/2 tasse (125 ml) de haricots verts coupés en deux
- 1/2 tasse (125 ml) de haricots jaunes coupés en deux
- Sel et poivre au goût
- 2 c. à soupe (30 ml) de crème sure

- Mettre l'huile d'olive dans une casserole et faire saisir la viande avec l'ail de tous les côtés, à feu moyen.

- Ajouter le bouillon de poulet, les oignons et les assaisonnements. Mélanger, couvrir et laisser mijoter à feu doux pendant
75 minutes environ. Au besoin, mouiller avec un peu de bouillon de poulet pendant la cuisson.

- Ajouter le vin et les légumes. Saler, poivrer et bien mélanger le
tout. Poursuivre la cuisson de 15 à 20 minutes, à couvert.

- Incorporer la crème sure, mélanger et servir.

VOLAILLES

BROCHETTES DE POULET À L'ORIENTALE

INGRÉDIENTS

- 1 1/2 lb (675 g) de poitrines de poulet, désossées et dégraissées
- 4 oignons moyens, en quartiers
- 2 poivrons rouges moyens, en morceaux
- 2 branches de chou chinois en morceaux

MARINADE

- 1/2 tasse (125 ml) d'huile d'olive de première pression à froid
- 1 1/2 c. à soupe (22 ml) de sauce tamari
- 2 c. à thé (10 ml) de vinaigre balsamique
- 1 grosse gousse d'ail pelée et broyée
- 1 c. à thé (5 ml) de thym

- À l'aide d'un fouet, mélanger tous les ingrédients de la marinade dans un bol.

- Tailler les poitrines de poulet en morceaux de 2,5 cm (1 po) de côté et ajouter à la marinade. Remuer la volaille pour bien l'enrober. Laisser mariner au réfrigérateur pendant 3 heures environ.

- Préchauffer le four à gril.

- Enfiler le poulet sur des brochettes de métal en alternant avec les légumes.

- Déposer les brochettes dans un plat peu profond allant au four. Les faire griller pendant 15 minutes environ en prenant soin de les retourner et de les badigeonner de marinade à la mi-cuisson.

ESCALOPES DE DINDE MARINÉES

POUR 4 PERSONNES

INGRÉDIENTS

- 1/3 tasse (75 ml) de crème sure
- 1/4 tasse (50 ml) de bouillon de poulet maison dégraissé
- 1/4 tasse (50 ml) de jus de lime frais
- 3 c. à soupe (45 ml) d'huile d'olive de première pression à froid
- 2 grosses gousses d'ail pelées et émincées
- 2 c. à thé (10 ml) de moutarde de Dijon
- 1 c. à soupe (15 ml) de ciboulette fraîche, finement hachée
- 1 c. à soupe (15 ml) de fines herbes de Provence séchées
- Sel et poivre au goût
- 1 1/2 lb (675 g) d'escalopes de dinde

- À l'aide d'un fouet, mélanger tous les ingrédients de la marinade dans un bol. Ajouter la volaille et remuer pour bien l'enrober. Mettre au réfrigérateur et laisser mariner pendant 2 heures environ.

- Dans un grand poêlon, faire cuire les escalopes à feu moyen pendant 2 ou 3 minutes de chaque côté et servir.

MOUSSAKA

POUR 3 OU 4 PERSONNES

INGRÉDIENTS

- 1 aubergine moyenne, en tranches d'environ 1 cm (1/2 po) d'épaisseur
- 2 c. à soupe (30 ml) d'huile d'olive de première pression à froid
- 1 oignon moyen, haché
- 3/4 tasse (175 ml) de dinde hachée
- 2 c. à thé (10 ml) de sauce tomate
- 1 c. à thé (5 ml) d'origan séché
- 1/2 c. à thé (2 ml) de poivre noir moulu
- 1/4 c. à thé (1 ml) de cannelle moulue
- 1 c. à thé (5 ml) de sel
- 3/4 tasse (175 ml) de lait
- 1 gros œuf
- 2 c. à soupe (30 ml) de fromage parmesan frais, râpé

- Préchauffer le four à 425 °F (220 °C).

- Badigeonner les tranches d'aubergine avec de l'huile d'olive et les placer côte à côte sur une plaque de cuisson allant au four. Les faire cuire pendant 30 minutes en prenant soin de les retourner une fois en cours de cuisson.

- Entre-temps, mettre de l'huile d'olive dans un poêlon antiadhésif et faire revenir l'oignon à feu moyen pendant 5 minutes environ ou jusqu'à ce qu'il ramollisse.

- Ajouter la dinde hachée et faire brunir en prenant soin de la défaire à l'aide d'une cuillère de bois. Incorporer la sauce tomate et les assaisonnements. Bien mélanger le tout .

- Dans un plat allant au four, déposer des tranches d'aubergine et couvrir de la moitié de la préparation à la viande.

- Répéter la même étape 2 fois pour obtenir 3 étages et terminer par un étage de tranches d'aubergine.

- Dans un bol, à l'aide d'un fouet, battre le lait avec les œufs et verser le mélange sur les aubergines. Laisser reposer à la température ambiante pendant 30 minutes.

- Préchauffer le four à 425 °F (220 °C). Faire cuire 30 minutes environ ou jusqu'à ce que le dessus de la moussaka soit doré.

POITRINES DE DINDE À LA SAUCE AUX CANNEBERGES

POUR 4 PERSONNES

INGRÉDIENTS

- 1 tasse (250 ml) de canneberges
- 1/2 tasse (125 ml) d'eau
- 1/4 tasse (50 ml) de fructose
- 2 c. à soupe (30 ml) d'huile d'olive de première pression à froid
- 1 1/2 lb (675 g) de poitrines de dinde désossées et dégraissées

- Dans une casserole, mettre les canneberges, l'eau avec le fructose et bien mélanger le tout. Porter à ébullition et laisser mijoter pendant 30 minutes environ.

- Mettre l'huile d'olive dans un grand poêlon et faire cuire les poitrines de dinde à feu moyen pendant 5 ou 6 minutes de chaque côté ou jusqu'à ce qu'il n'y ait plus de jus rosé qui s'écoule de la volaille. Napper de sauce aux canneberges et servir.

POITRINES DE POULET À L'ORANGE ET AU GINGEMBRE

POUR 4 PERSONNES

INGRÉDIENTS

- 1/3 tasse (75 ml) d'huile d'olive de première pression à froid
- 2 c. à soupe (30 ml) de gingembre frais, râpé
- 2 c. à thé (10 ml) de jus d'orange frais
- 1/2 c. à soupe (7 ml) de zeste d'orange frais
- 2 c. à thé (10 ml) de crème sure
- 1/2 c. à thé (2 ml) de graines d'anis séchées
- 1 1/2 lb (675 g) de poitrines de poulet désossées et dégraissées

- Dans un bol, à l'aide d'un fouet, bien mélanger tous les ingrédients de la marinade.

- Incorporer les poitrines de poulet et remuer pour bien les enrober. Réfrigérer la préparation pendant 3 heures environ.

- Faire cuire les poitrines dans un grand poêlon à feu moyen pendant 5 ou 6 minutes de chaque côté ou jusqu'à ce qu'il n'y ait plus de jus rosé qui s'écoule du poulet.

POITRINES DE POULET FARCIES

POUR 4 PERSONNES

INGRÉDIENTS

- 2 c. à soupe (30 ml) d'huile d'olive de première pression à froid
- 1 échalote finement hachée
- 1 gousse d'ail pelée et broyée
- 1 tasse (250 ml) de champignons hachés
- 1/4 tasse (50 ml) de vin blanc sec
- 1/4 tasse (50 ml) de courgette, façon julienne
- 1/2 poivron rouge émincé
- 1/2 tasse (125 ml) de persil frais, finement haché
- 4 poitrines de poulet désossées et dégraissées
- 1 1/2 c. à soupe (22 ml) de moutarde de Dijon
- 1/2 c. à thé (2 ml) de sel
- 1/4 c. à thé (1 ml) de poivre noir moulu
- 1 1/2 c. à soupe (22 ml) de fromage parmesan frais, râpé
- 4 tomates moyennes, épépinées et hachées
- 1 c. à thé (5 ml) de paprika

- Dans un poêlon, faire revenir l'échalote et l'ail dans l'huile d'olive pendant 1 minute. Ajouter les champignons et faire cuire jusqu'à ce qu'ils aient ramolli.

- Incorporer le vin, la courgette, le poivron avec la moitié du persil et poursuivre la cuisson pendant 1 ou 2 minutes.

- Placer les poitrines de poulet entre 2 feuilles de papier ciré et les aplatir à l'aide d'un maillet jusqu'à ce qu'elles atteignent 1/2 cm (1/4 po) d'épaisseur.

- Badigeonner chaque poitrine de poulet d'environ 1 c. à thé de moutarde. Assaisonner de sel et de poivre. Couvrir chaque poitrine du quart de la préparation aux légumes et saupoudrer de parmesan. Rouler les poitrines et les maintenir avec des cure-dents.

- Préchauffer le four à 350 °F (180 °C).

- Mélanger la tomate avec le reste du persil et le paprika dans un petit bol.

- Dans un plat allant au four, déposer les poitrines roulées. Garnir de la préparation à la tomate et couvrir de papier d'aluminium. Mettre au four de 40 à 45 minutes. Retirer les cure-dents et servir.

POULET À LA CHINOISE

POUR 3 OU 4 PERSONNES

INGRÉDIENTS

- 2 c. à soupe (30 ml) d'huile d'olive de première pression à froid
- 1 gousse d'ail pelée et broyée
- 1 c. à soupe (15 ml) de gingembre frais, finement haché
- 1 poitrine de poulet en lanières
- 1/4 tasse (50 ml) de sauce tamari
- 1 oignon moyen, grossièrement haché
- 1 tasse (250 ml) de pois mange-tout
- 1 tasse (250 ml) de chou-fleur en petits bouquets
- 1 tasse (250 ml) de brocoli en petits bouquets
- 1/4 poivron vert en morceaux
- 1/4 poivron rouge en morceaux
- 3/4 tasse (175 ml) de courgette, en rondelles
- 1/2 c. à thé (2 ml) de poivre noir moulu
- 1/2 c. à thé (2 ml) d'épices chinoises moulues
- 1 c. à soupe (15 ml) d'huile de sésame

- Dans un wok ou un grand poêlon, faire chauffer l'huile d'olive. Faire revenir l'ail avec le gingembre pendant 2 ou 3 minutes.

- Ajouter le poulet et faire dorer pendant 5 minutes environ. Ajouter la moitié du tamari pour lui permettre de caraméliser sur les morceaux de poulet.

- Incorporer tous les légumes avec le reste du tamari et les assaisonnements. Faire cuire jusqu'à ce que les légumes soient tendres.

- Ajouter l'huile de sésame au moment de servir.

POULET À LA MAROCAINE

POUR 4 PERSONNES

INGRÉDIENTS

- 1/2 c. à thé (2 ml) de paprika
- 1 c. à thé (5 ml) d'huile de sésame
- Le zeste d'un citron frais
- Le jus d'un citron frais
- 3 gousses d'ail pelées et broyées
- 1/4 c. à thé (1 ml) de cumin
- 1/4 c. à thé (1 ml) de cannelle moulue
- 1/4 c. à thé (1 ml) de poivre noir moulu
- 4 tournedos de poulet

- Dans un grand bol, mélanger le paprika, l'huile de sésame, le zeste et le jus de citron, l'ail, le cumin, la cannelle et le poivre.

- Ajouter le poulet à la marinade et bien l'enrober. Mettre au réfrigérateur de 4 à 6 heures et retourner les tournedos de temps à autre.

- Préchauffer le four à 375 °F (190 °C).

- Déposer les tournedos sur une plaque de cuisson allant au four préalablement tapissée de papier d'aluminium. Bien arroser le poulet avec la marinade.

- Mettre au four de 35 à 40 minutes et badigeonner les tournedos une ou deux fois avec le jus pendant la cuisson.

TOURNEDOS DE POULET À LA MOUTARDE ET AU CITRON

POUR 4 PERSONNES

INGRÉDIENTS

- Le jus d'un citron frais
- Le zeste d'un citron frais
- 1 c. à soupe (15 ml) de moutarde de Dijon
- 1 gousse d'ail pelée et broyée
- 1/2 c. à thé (2 ml) de thym séché
- 4 tournedos de poulet
- 2 c. à soupe (30 ml) d'huile d'olive de première pression à froid

- Mettre le jus et le zeste de citron dans un plat. Ajouter la moutarde, l'ail, le thym et mélanger le tout. Ajouter les tournedos et retourner pour bien les enrober.

- Laisser mariner au réfrigérateur pendant au moins 2 heures.

- Dans un poêlon, faire chauffer l'huile d'olive à feu moyen et faire cuire les tournedos pendant 4 ou 5 minutes de chaque côté ou jusqu'à ce qu'il n'y ait plus de jus rosé qui s'écoule du poulet.

SALADE CÉSAR
PAGE 49

HUMMUS
PAGE 71

SALSA

PAGE 74

PAIN DE VIANDE AU GRUAU
PAGE 107

POIVRONS VERTS FARCIS
PAGE 110

COURGETTES AU FOUR
PAGE 148

COURGETTES FARCIES
PAGE 178

FALAFELS
PAGE 182

TABOULÉ
PAGE 195

SOUPE À L'OIGNON
PAGE 32

DÉLICE AU CHOCOLAT

PAGE 202

FONDUE AU CHOCOLAT
PAGE 204

MOUSSE AUX FRAISES
PAGE 207

FRIANDISES AU CHOCOLAT
PAGE 205

Michel Montignac®
"Cuire à basse température"
Le passeport pour la santé

APPAREILS DE CUISSON
À BASSE TEMPÉRATURE

équipés en exclusivité d'un thermomètre gradué en dégrés centrigrades, véritables "tableau de bord" de contrôle de la température de cuisson.

- **Marmites, faitouts, rôtissoires... pour les cuissons à l'étouffée.**
- **Cuits-vapeur à étages pour cuire à la vapeur douce contrôlée.**
- **Bains-Marie à température modulée.**

Disponible dans tous les **Centres Minceur "Vitalité & Nutrition" Michel Montignac**

Des cours de cuisine de Michel Montignac sont aussi offerts

Les pains **bio intégral** et **bio kamut** Montignac
sont disponibles dans les onze
Boulangeries Première Moisson
ainsi que dans les meilleures épiceries le plus près de chez vous.

Bagels intégrals
Michel Montignac

Disponibles dans
les meilleures épiceries
le plus près de chez vous.

Un choix de goût et de santé !

Seul fabriquant autorisé au Québec

POISSONS ET
FRUITS DE MER

BOUILLABAISSE

POUR 6 PERSONNES

INGRÉDIENTS

- 2 c. à soupe (30 ml) d'huile d'olive de première pression à froid
- 1 oignon moyen, finement haché
- 1 blanc de poireau émincé
- 1/2 bulbe de fenouil émincé
- 2 gousses d'ail pelées et broyées
- 1 tasse (250 ml) de champignons, en quartiers
- 1 tasse (250 ml) de haricots verts, en morceaux
- 4 tomates moyennes, pelées et grossièrement hachées
- 5 brins de persil frais
- 1 c. à soupe (15 ml) de zeste d'orange frais râpé
- 5 tasses (1,25 l) de court-bouillon (voir recette p. 90)
- Sel et poivre au goût
- 1/2 lb (225 g) de poisson blanc frais, en gros cubes
- 1/2 lb (225 g) de crevettes de grosseur moyenne, décortiquées
- 1/2 lb (225 g) de pétoncles de grosseur moyenne
- Persil frais, finement haché et au goût

- Mettre l'huile d'olive dans une casserole et faire revenir l'oignon, le poireau, le fenouil et l'ail à feu moyen pendant 10 minutes.

- Ajouter les champignons, les haricots, les tomates, les brins de persil et le zeste d'orange. Verser le court-bouillon, saler et poivrer.

- Porter à ébullition et ajouter le poisson. Couvrir et laisser mijoter à feu doux pendant 5 minutes.

- Ajouter les crevettes et les pétoncles et poursuivre la cuisson pendant 5 minutes.

N.B. Il est conseillé de faire tremper les tomates dans de l'eau bouillante pendant 30 secondes pour les peler plus facilement.

BROCHETTES
DE FRUITS DE MER

POUR 4 PERSONNES

INGRÉDIENTS

- 12 grosses crevettes décortiquées et déveinées
- 12 gros pétoncles
- 12 petits oignons pelés
- 12 petites tomates cerises
- 1 poivron vert en gros morceaux

MARINADE

- 3/4 tasse (175 ml) d'huile d'olive de première pression à froid
- 2 c. à soupe (30 ml) de jus de citron frais
- 1 c. à soupe (15 ml) de jus de lime frais
- 1 grosse gousse d'ail pelée et broyée
- Sel et poivre au goût
- 2 c à table (30 ml) de gingembre frais, finement haché
- 1 c. à soupe (15 ml) d'aneth frais, finement haché

- Dans un bol, mélanger tous les ingrédients de la marinade et en réserver le quart pour badigeonner pendant la cuisson. Déposer les crevettes et les pétoncles. Laisser mariner 45 minutes environ au réfrigérateur.

- Faire bouillir les oignons dans de l'eau légèrement salée jusqu'à ce qu'ils ramollissent.

- Préchauffer le four à 450 °F (230 °C).

- Enfiler les pétoncles et les crevettes marinés sur des brochettes de métal en alternant avec les légumes. Badigeonner les oignons, les tomates et les morceaux de poivron avec le reste de la marinade.

- Mettre au four pendant 10 minutes environ en prenant soin de retourner les brochettes et de les badigeonner à nouveau de marinade à la mi-cuisson.

CREVETTES AU POIVRE

POUR 2 PERSONNES

INGRÉDIENTS

- 2 c. à soupe (30 ml) d'huile de sésame
- 2 c. à thé (10 ml) de gingembre frais, finement haché
- 2 c. à thé (10 ml) de poivre noir moulu
- 1 c. à soupe (15 ml) de sauce tamari
- Le zeste d'une demi-orange
- 2 c. à soupe (30 ml) d'huile d'olive de première pression à froid
- 10 grosses crevettes fraîches, décortiquées et déveinées
- 10 gros pétoncles

- Mélanger l'huile de sésame, le gingembre, le poivre noir avec le tamari et le zeste d'orange. Déposer les crevettes et les pétoncles dans la préparation. Laisser mariner au réfrigérateur pendant au moins 30 minutes.

- Mettre l'huile d'olive dans un poêlon antiadhésif et faire revenir les crevettes et les pétoncles à feu moyen-vif pendant 3 ou 4 minutes.

CROQUETTES AU SAUMON

POUR 4 PERSONNES

INGRÉDIENTS

- 7 oz (200 g) de saumon cuit
- 1 gros œuf battu
- 2 c. à soupe (30 ml) de fromage parmesan frais, râpé
- 1 gros oignon vert émincé
- 1/3 tasse (75 ml) de persil frais, finement haché
- 1/8 c. à thé (0,5 ml) de poivre noir moulu
- 2 c. à soupe (30 ml) d'huile d'olive de première pression à froid

- Dans un bol, mélanger le saumon, l'œuf, le parmesan, l'oignon vert avec le persil et le poivre. Façonner la préparation au saumon en 4 croquettes.

- Faire chauffer l'huile d'olive à feu moyen dans un grand poêlon. Ajouter les croquettes et faire cuire pendant 4 ou 5 minutes de chaque côté ou jusqu'à ce qu'elles soient chaudes.

DARNES DE SAUMON

POUR 4 PERSONNES

INGRÉDIENTS

- 1/2 tasse (125 ml) de vin blanc sec
- 1/4 tasse (50 ml) de jus de citron frais
- 2 c. à thé (10 ml) d'huile d'olive de première pression à froid
- 2 grosses gousses d'ail pelées et broyées
- 1/2 c. à thé (2 ml) de thym séché
- 1/2 c. à thé (2 ml) d'estragon séché
- Sel et poivre au goût
- 4 darnes de saumon

- Bien mélanger tous les ingrédients de la marinade dans un bol. Ajouter les darnes de saumon et les retourner pour bien les enrober. Laisser mariner au réfrigérateur pendant 1 heure environ.

- Préchauffer le four à gril.

- Déposer les darnes dans un plat allant au four et faire griller pendant 5 minutes environ de chaque côté ou jusqu'à ce que la chair soit opaque.

DARNES DE SAUMON
À LA SAUCE AU PERSIL

POUR 4 PERSONNES

INGRÉDIENTS

- 4 darnes de saumon
- 2 c. à thé (10 ml) de jus de citron frais
- Poivre au goût

SAUCE AU PERSIL

- 1 tasse (250 ml) de fromage cottage
- 1/4 tasse (50 ml) de yogourt nature
- 1/2 tasse (125 ml) de persil frais, finement haché
- 1 c. à soupe (15 ml) de ciboulette fraîche, finement hachée
- 2 c. à thé (10 ml) de fromage parmesan râpé

- Passer tous les ingrédients de la sauce au robot culinaire jusqu'à l'obtention d'un mélange lisse. Réserver.

- Préchauffer le four à gril.

- Placer les darnes de saumon dans un plat allant au four. Arroser de jus de citron et assaisonner de poivre.

- Faire griller pendant 5 minutes de chaque côté ou jusqu'à ce que la chair soit opaque.

- Napper les darnes de sauce au persil et servir.

FILETS DE DORÉ AU ROMANO

POUR 4 PERSONNES

INGRÉDIENTS

- 1/2 tasse (125 ml) de fromage romano frais, râpé
- Poivre noir moulu au goût
- 1 c. à thé (5 ml) d'ail émincé, séché
- 4 filets de doré
- 2 c. à soupe (30 ml) d'huile d'olive de première pression à froid
- Le jus d'un citron frais

- Préparer une panure en déposant le romano, le poivre et l'ail émincé dans une assiette.

- Rouler les filets de doré dans la préparation de manière à les recouvrir complètement.

- Mettre l'huile d'olive dans un poêlon et faire cuire les filets de doré à feu moyen pendant 3 ou 4 minutes de chaque côté. Servir avec du jus de citron.

FILETS DE POISSON FARCIS

POUR 4 PERSONNES

INGRÉDIENTS

- 1 c. à soupe (15 ml) d'huile d'olive de première pression à froid
- 1/4 tasse (50 ml) de céleri, en dés
- 2 grosses échalotes finement hachées
- 2 gousses d'ail pelées et broyées
- 1/2 tasse (125 ml) de salsa chaude (voir recette p. 79)
- 1/4 c. à thé (1 ml) de sel
- 1 pincée de poivre noir moulu
- 4 filets de sole
- 2 c. à soupe (30 ml) de vin blanc sec
- 2 c. à soupe (30 ml) d'eau

- Dans un poêlon antiadhésif, faire revenir le céleri, les échalotes et l'ail dans l'huile d'olive pendant 5 minutes ou jusqu'à ce que les légumes soient tendres.

- Ajouter la salsa et assaisonner de sel et de poivre. Bien mélanger et réserver.

- Préchauffer le four à 400 °F (200 °C).

- Déposer 2 filets de poisson dans un petit plat peu profond allant au four. Napper uniformément les filets de la préparation à la salsa et les couvrir avec les 2 autres filets.

- Arroser le poisson avec le vin et verser l'eau dans le plat. Couvrir le poisson de papier d'aluminium et mettre au four de 12 à 15 minutes ou jusqu'à ce que la chair du poisson soit opaque.

FILETS DE SOLE À LA SAUCE AU VIN BLANC

INGRÉDIENTS

- 1 oignon moyen, finement haché
- 1/2 tasse (125 ml) de vin blanc sec
- 1/2 tasse (125 ml) d'eau
- 1/4 tasse (50 ml) de tomates broyées
- 4 filets de sole
- 1/4 tasse (50 ml) de crème champêtre 15 %
- 1 pincée de piment de Cayenne
- Sel et poivre au goût

- Mélanger l'oignon, le vin, l'eau et les tomates dans un grand poêlon. Déposer les filets de sole et couvrir. Porter la préparation à ébullition et laisser mijoter à feu moyen de 8 à 10 minutes ou jusqu'à ce que la chair du poisson se défasse facilement.

- Retirer les filets à l'aide d'une écumoire et réserver au chaud.

- Ajouter la crème à la préparation au vin en remuant continuellement. Incorporer les assaisonnements et poursuivre la cuisson pendant 2 ou 3 minutes.

- Napper les filets de sole avec la sauce et servir.

FILETS DE TRUITE SURPRISE

POUR 4 PERSONNES

INGRÉDIENTS

- 1/2 tasse (125 ml) de crème sure
- 1/4 tasse (50 ml) de yogourt nature
- 2 c. à soupe (30 ml) d'oignon rouge finement haché
- 2 c. à soupe (30 ml) de ciboulette fraîche, finement hachée
- 1 c. à thé (5 ml) d'aneth frais, finement haché
- Huile d'olive de première pression à froid
- 4 filets de truite
- Sel et poivre au goût

- Préchauffer le four à 425 °F (220 °C).

- Dans un bol, bien mélanger la crème sure, le yogourt, l'oignon et les fines herbes.

- Badigeonner d'une petite quantité d'huile d'olive le fond d'un plat allant au four. Déposer les filets de truite, saler, poivrer et napper de sauce à la crème sure.

- Mettre au four et faire cuire à découvert pendant 12 minutes. Couvrir d'une feuille de papier d'aluminium et poursuivre la cuisson pendant 5 minutes ou jusqu'à ce que la chair devienne opaque.

MORUE POCHÉE À LA MÉDITERRANÉENNE

POUR 3 OU 4 PERSONNES

INGRÉDIENTS

- 1 lb (450 g) de filets de morue
- 1 c. à soupe (15 ml) d'huile d'olive de première pression à froid
- 1 c. à soupe (15 ml) d'oignon vert émincé
- 1 gousse d'ail pelée et broyée
- 1/2 tasse (125 ml) de courgette, en demi-lunes
- 1 c. à soupe (15 ml) de vin blanc sec
- 3/4 tasse (175 ml) de tomates broyées
- 1 c. à thé (5 ml) de basilic frais, finement haché
- 1/4 tasse (50 ml) d'olives noires émincées
- 1/4 c. à thé (1 ml) de poivre noir moulu

- Mettre les filets de poisson dans une casserole d'eau frémissante. Couvrir et faire pocher à feu moyen pendant 5 minutes ou jusqu'à ce que la chair du poisson se défasse facilement. Retirer les filets à l'aide d'une écumoire et égoutter. Réserver au chaud.

- Dans une petite casserole, faire revenir l'oignon vert avec l'ail et les courgettes dans l'huile d'olive à feu moyen pendant 2 minutes.

- Ajouter le vin blanc, les tomates et le basilic. Laisser mijoter pendant 3 minutes environ en remuant de temps à autre.

- Incorporer les olives. Assaisonner de poivre et bien mélanger le tout. Napper les filets de cette sauce et servir.

POISSON EN PAPILLOTE

POUR 4 PERSONNES

INGRÉDIENTS

- 1 lb (450 g) de filets de poissons frais
- 4 tasses (1 L) de légumes à l'orientale, surgelés et décongelés
- 1/4 tasse (50 ml) de jus d'orange frais
- 1/4 tasse (50 ml) de sauce tamari
- 1 gousse d'ail pelée et broyée
- 1 c. à thé (5 ml) de gingembre frais, finement haché

- Déposer les filets de poisson préalablement épongés à l'aide d'un essuie-tout sur 4 carrés de papier d'aluminium d'environ 40 cm (15 po) de côté.

- Couvrir les filets d'une tasse de légumes à l'orientale.

- Dans un petit bol, mélanger le jus d'orange, le tamari, l'ail et le gingembre à l'aide d'un fouet.

- Verser uniformément la préparation sur les filets. Replier le papier d'aluminium sur le poisson de manière à former une papillote.

- Placer les papillotes sur une plaque de cuisson allant au four. Faire cuire de 15 à 20 minutes ou jusqu'à ce que la chair du poisson devienne opaque et se défasse facilement, et que les légumes soient tendres.

SAUTÉ DE CREVETTES ÉPICÉES

POUR 4 À 6 PERSONNES

INGRÉDIENTS

- 1/2 c. à thé (2 ml) de paprika
- 1/4 c. à thé (1 ml) de cumin
- 1/2 c. à thé (2 ml) de moutarde en poudre
- 1/2 c. à thé (2 ml) de basilic séché
- 1 pincée de poudre de chili
- 1 pincée de piment de Cayenne
- 1 c. à soupe (15 ml) d'huile d'olive de première pression à froid
- 1 lb (450 g) de grosses crevettes décortiquées et déveinées
- Le jus d'une lime fraîche
- Le zeste d'une lime fraîche

- Dans un grand bol, bien mélanger tous les assaisonnements. Ajouter les crevettes et mélanger pour bien les enrober.

- Dans un poêlon antiadhésif, faire revenir les crevettes dans l'huile d'olive à feu moyen-vif pendant 1 minute. Ajouter le jus et le zeste de lime. Poursuivre la cuisson pendant 2 ou 3 minutes, ou jusqu'à ce que les crevettes deviennent rosées.

THON À LA PROVENÇALE

POUR 2 PERSONNES

INGRÉDIENTS

- 1 c. à soupe (15 ml) d'huile d'olive de première pression à froid
- 1 oignon moyen, finement haché
- 1 branche de céleri émincée
- 2 gousses d'ail pelées et broyées
- 3/4 tasse (175 ml) de bouillon de poulet maison dégraissé ou d'eau
- 1 tasse (250 ml) de tomates broyées
- Le zeste d'un demi-citron frais
- 1 feuille de laurier
- 1/2 c. à thé (2 ml) de basilic séché
- 1/2 c. à thé (2 ml) d'origan séché
- Poivre au goût
- 6 oz (170 g) de thon pâle cuit

- Dans un poêlon, faire sauter l'oignon avec le céleri et l'ail dans l'huile d'olive pendant 5 minutes.

- Ajouter le bouillon ou l'eau, les tomates, le zeste de citron et les assaisonnements. Porter à ébullition, couvrir et laisser mijoter de 15 à 20 minutes.

- Incorporer le thon et poursuivre la cuisson pendant 1 minute.

ŒUFS

COURGETTES AU FOUR

POUR 2 PERSONNES

INGRÉDIENTS

- 2 c. à soupe (30 ml) d'huile d'olive de première pression à froid
- 1 tasse (250 ml) de courgettes, en rondelles
- 1/4 tasse (50 ml) d'oignon, en rondelles
- 1 gousse d'ail pelée et broyée
- 2 c. à thé (10 ml) de basilic frais, finement haché
- 2 c. à soupe (30 ml) de persil frais, finement haché
- 2 gros œufs
- 2 c. à soupe (30 ml) de crème champêtre 15 %
- 1/4 tasse (50 ml) de fromage emmenthal hongrois râpé
- 1/2 à 1 c. à soupe (de 7 à 15 ml) de poudre de chili
- 1/4 c. à thé (1 ml) de poivre noir moulu

- Mettre l'huile d'olive dans un grand poêlon et faire revenir les courgettes à feu moyen-vif pendant 2 ou 3 minutes ou jusqu'à ce qu'elles deviennent dorées.

- Ajouter l'oignon et poursuivre la cuisson pendant 2 ou 3 minutes. Ajouter l'ail, le basilic et le persil. Bien mélanger et mettre cette préparation dans un plat allant au four. Réserver.

- Préchauffer le four à 350 °F (180 °C).

- Dans un bol, à l'aide d'un fouet, battre les œufs avec la crème et le fromage. Assaisonner de chili et de poivre. Verser le mélange aux œufs sur les légumes.

- Mettre au four pendant 20 minutes et servir.

FRITTATA JARDINIÈRE

POUR 4 PERSONNES

INGRÉDIENTS

- 2 c. à soupe (30 ml) d'huile d'olive de première pression à froid
- 1/2 lb (225 g) de poireau, en rondelles
- 1 oignon rouge moyen, en fines rondelles
- 1 poivron rouge émincé
- 8 gros œufs
- 2 c. à soupe (30 ml) de persil frais, finement haché
- Sel et poivre au goût
- 3/4 tasse (175 ml) d'olives noires dénoyautées
- 3 1/2 oz (100 g) de tomates séchées

- Préchauffer le four à 400 °F (200 °C).

- Dans un grand poêlon allant au four, faire chauffer l'huile d'olive à feu doux. Ajouter les poireaux, l'oignon et le poivron rouge. Couvrir et faire cuire pendant 5 minutes ou jusqu'à ce que les légumes soient tendres en prenant soin de remuer de temps à autre.

- Dans un bol, à l'aide d'un fouet, battre légèrement les œufs avec le persil et les assaisonnements. Verser le mélange d'œufs dans le poêlon et répartir également. Garnir le dessus d'olives et de tomates séchées. Poursuivre la cuisson pendant 3 minutes.

- Mettre au four et faire cuire de 8 à 10 minutes ou jusqu'à ce que le dessus soit cuit.

ŒUFS BROUILLÉS
AU JAMBON BLANC

POUR 4 PERSONNES

INGRÉDIENTS

- 1 c. à soupe (15 ml) d'huile d'olive de première pression à froid
- 2/3 tasse (175 ml) de jambon blanc, en dés
- 1 oignon vert émincé
- 1/4 d'un poivron rouge, en dés
- 1 gousse d'ail pelée et broyée
- 8 œufs moyens
- 1/2 tasse (125 ml) de lait
- Sel et poivre au goût
- 1 c. à soupe (15 ml) de persil frais, finement haché

- Mettre l'huile d'olive dans un poêlon antiadhésif et faire dorer le jambon à feu doux. Ajouter l'oignon vert, le poivron avec l'ail et faire revenir pendant 30 secondes.

- Dans un bol, battre les œufs avec le lait et verser sur le jambon. Assaisonner de sel, de poivre et de persil. Faire cuire à feu moyen. Quand les œufs commencent à prendre, passer une spatule sur le fond et les côtés du poêlon pour former de gros grumeaux. Remuer de temps à autre pour obtenir des œufs épais et moelleux.

OMELETTE AU BROCOLI

POUR 4 PERSONNES

INGRÉDIENTS

- 2 c. à soupe (30 ml) d'huile d'olive de première pression à froid
- 1/3 d'un brocoli moyen, en petits bouquets
- 3 oignons verts émincés
- 1 tomate moyenne, épépinée et coupée en dés
- 1 grosse gousse d'ail pelée et broyée
- 6 gros œufs
- 1/4 tasse (50 ml) de lait
- Sel et poivre au goût
- 2 c. à soupe (30 ml) de persil frais, finement haché
- 1/2 tasse (125 ml) de fromage cheddar partiellement écrémé, râpé
- 1/4 tasse (50 ml) de parmesan frais, râpé

- Dans un poêlon allant au four, faire revenir le brocoli, les oignons verts, la tomate et l'ail dans l'huile d'olive à feu doux pendant 5 minutes.

- Pendant ce temps, battre les œufs avec le lait dans un bol. Assaisonner de sel, de poivre et de persil.

- Préchauffer le four à gril.

- Verser le mélange sur les légumes et remuer rapidement le tout. Faire cuire pendant 5 minutes environ. Recouvrir de fromage cheddar et de parmesan. Terminer la cuisson sous le gril et servir.

OMELETTE MEXICAINE

POUR 4 PERSONNES

INGRÉDIENTS

- 5 gros œufs
- 1/2 tasse (125 ml) de lait
- 1 à 2 c. à thé (5 à 10 ml) de poudre de chili
- Sel et poivre au goût
- 1 c. à soupe (15 ml) d'huile d'olive de première pression à froid
- 1/2 tasse (125 ml) de champignons émincés
- 1/2 poivron rouge, en dés
- 1 petite tomate, en dés
- 2 oignons verts émincés
- 1 petite gousse d'ail pelée et broyée
- 3/4 tasse (175 ml) de fromage cheddar fort, râpé

- Dans un bol, battre les œufs avec le lait et ajouter le chili. Saler, poivrer et réserver.

- Dans un poêlon allant au four, faire revenir les champignons, le poivron, la tomate avec les oignons verts et l'ail dans l'huile d'olive à feu doux.

- Préchauffer le four à gril.

- Verser le mélange d'œufs sur les légumes et remuer rapidement le tout. Faire cuire pendant 5 minutes environ. Recouvrir de fromage et terminer la cuisson sous le gril.

TOMATES FARCIES AUX ŒUFS

POUR 4 PERSONNES

INGRÉDIENTS

- 8 tomates moyennes
- 8 œufs moyens
- 1/2 tasse (125 ml) de lait
- Sel et poivre au goût
- 1 c. à soupe (15 ml) d'huile d'olive de première pression à froid
- 4 oignons verts émincés
- 1/2 poivron vert, en dés
- 1 grosse gousse d'ail pelée et broyée
- 2 c. à thé (10 ml) de ciboulette fraîche, finement hachée
- 2 c. à thé (10 ml) de basilic frais, finement haché

- Préchauffer le four à 375 °F (190 °C).

- Tailler une tranche au-dessus de chaque tomate et les vider à l'aide d'une petite cuillère. Saler légèrement l'intérieur et les placer à l'envers sur du papier absorbant. Laisser dégorger 10 minutes.

- Disposer les tomates dans un plat allant au four et faire cuire pendant 10 minutes. Garder au chaud.

- Dans un bol, fouetter les œufs avec le lait. Assaisonner de sel et de poivre. Réserver.

- Mettre l'huile d'olive dans un grand poêlon et faire revenir le reste des ingrédients à feu doux jusqu'à ce que les légumes deviennent tendres.

- Verser le mélange d'œufs et faire cuire à feu moyen. Quand les œufs commencent à prendre, passer doucement une spatule sur le fond et les côtés du poêlon pour former de gros grumeaux. Remuer de temps à autre pour obtenir des œufs épais et moelleux.

- Déposer les œufs dans les tomates et servir.

LÉGUMES
D'ACCOMPAGNEMENT

BOUQUET DE POIVRONS

POUR 4 PERSONNES

INGRÉDIENTS

- 1/4 tasse (50 ml) d'huile d'olive de première pression à froid
- 2 poivrons rouges moyens, en fines lanières
- 2 poivrons jaunes moyens, en fines lanières
- 1 petite gousse d'ail pelée et broyée
- 2 c. à soupe (30 ml) de sauce tamari
- 1 c. à soupe (15 ml) de jus de lime frais
- 1/4 c. à thé (1 ml) de fines herbes de Provence séchées
- 1/4 c. à thé (1 ml) de poudre de cari
- 1 pincée d'oignon en poudre
- Poivre au goût

- Dans un grand poêlon, faire revenir les poivrons rouges et jaunes dans l'huile d'olive à feu moyen pendant 5 minutes.

- Ajouter le reste des ingrédients et bien mélanger. Couvrir et poursuivre la cuisson des légumes jusqu'à ce qu'ils deviennent tendres, en remuant de temps à autre.

BROCHETTES DE COURGETTE ET DE POIVRON

POUR 4 PERSONNES

INGRÉDIENTS

- 2 c. à soupe (30 ml) d'huile d'olive de première pression à froid
- 1 c. à thé (5 ml) de paprika
- 1 c. à thé (5 ml) de basilic séché
- 1 c. à thé (5 ml) d'origan séché
- 1/2 c. à thé (2 ml) de moutarde en poudre
- 1/2 c. à thé (2 ml) de poudre de chili
- 1/2 c. à thé (2 ml) de sel
- 1/2 c. à thé (2 ml) de poivre noir moulu
- 1 courgette coupée en deux sur la longueur et en morceaux de 2,5 cm (1 po) de largeur
- 1 petit poivron vert épépiné et coupé en cubes de 2,5 cm (1 po)
- 8 tomates cerises

- Dans un petit bol, mélanger l'huile d'olive avec les assaisonnements.

- Mettre les morceaux de courgettes, les cubes de poivrons et les tomates cerises dans un grand bol. Verser la marinade sur les légumes et mélanger délicatement pour bien les enrober. Laisser mariner au réfrigérateur pendant au moins 1 heure.

- Préchauffer le four à 350 °F (180 °C).

- Enfiler les légumes en alternant sur des brochettes de métal et les déposer dans un plat peu profond allant au four.

- Cuire au four pendant au moins 10 minutes ou jusqu'à ce que les légumes soient tendres.

BROCOLI ET CHOU-FLEUR AUX PIGNONS

POUR 3 OU 4 PERSONNES

INGRÉDIENTS

- 3 c. à soupe (45 ml) d'huile d'olive de première pression à froid
- 1 gousse d'ail pelée et broyée
- 2 tasses (500 ml) de brocoli en petits bouquets
- 1 tasse (250 ml) de chou-fleur en petits bouquets
- 2 c. à soupe (30 ml) de vin blanc sec
- 2 c. à soupe (30 ml) de crème champêtre 15 %
- 1/4 tasse (50 ml) de pignons grillés
- Quelques fines tranches de fromage parmesan frais

- Dans un grand poêlon, faire revenir l'ail dans l'huile d'olive à feu moyen pendant 4 à 5 minutes en remuant continuellement.

- Ajouter le brocoli avec le chou-fleur et poursuivre la cuisson pendant 2 ou 3 minutes ou jusqu'à ce que le brocoli soit vert brillant. Incorporer le vin, couvrir et cuire jusqu'à ce que le brocoli et le chou-fleur deviennent tendres mais encore croquants.

- Ajouter la crème avec les pignons et bien mélanger le tout. Garnir de parmesan et servir.

CARI DE CHOU-FLEUR ET COURGETTE

INGRÉDIENTS

- 1 c. à soupe (15 ml) d'huile d'olive de première pression à froid
- 1 gros oignon haché
- 1 grosse gousse d'ail pelée et broyée
- 2 c. à thé (10 ml) de poudre de cari
- 1 petit chou-fleur en petits bouquets
- 1 petite courgette en fines rondelles
- 1 c. à thé (5 ml) de pâte de tomates
- 1/2 tasse (125 ml) de bouillon de poulet maison dégraissé
- 1/2 tasse (125 ml) de yogourt nature
- 2 c. à thé (10 ml) de persil frais, finement haché

- Mettre l'huile d'olive dans une casserole et faire revenir l'oignon à feu doux. Ajouter l'ail avec la poudre de cari et poursuivre la cuisson pendant 2 minutes.

- Ajouter le chou-fleur, la courgette, la pâte de tomates et le bouillon. Bien mélanger, couvrir et laisser mijoter à feu doux de 8 à 10 minutes ou jusqu'à ce que les légumes soient tendres mais encore croquants.

- Ajouter le yogourt, le persil et mélanger le tout avant de servir.

CHAMPIGNONS GRILLÉS

POUR 4 PERSONNES

INGRÉDIENTS

- 1/4 tasse (50 ml) de jus de citron frais
- 2 c. à soupe (30 ml) de sauce tamari
- 1 c. à soupe (15 ml) de gingembre frais, râpé
- 1 gousse d'ail pelée et broyée
- 3 tasses (750 ml) de champignons, en quartiers
- 1 c. à soupe (15 ml) d'huile d'olive de première pression à froid

- Dans un bol, mélanger le jus de citron, le tamari, le gingembre et l'ail.

- Ajouter les champignons et mélanger pour bien les enrober. Laisser mariner pendant 30 minutes.

- Dans un poêlon, chauffer l'huile d'olive à feu moyen et faire cuire les champignons jusqu'à ce qu'ils soient tendres.

CHOUX DE BRUXELLES

POUR 4 PERSONNES

INGRÉDIENTS

- 7 oz (200 g) de choux de Bruxelles
- 2 c. à soupe (30 ml) d'huile d'olive de première pression à froid
- 1/2 d'un petit oignon rouge ou jaune émincé
- Sel et poivre au goût
- 1 pincée de muscade moulue
- 1 c. à soupe (15 ml) de jus de lime frais
- 3 c. à soupe (45 ml) de persil frais, finement haché

- Couper les trognons, éliminer les feuilles défraîchies puis bien laver les choux de Bruxelles. Pratiquer une incision en forme de croix à la base de chaque chou et cuire à la vapeur pendant 15 minutes.

- Dans un poêlon, faire revenir les choux avec l'oignon dans l'huile d'olive, à feu doux, jusqu'à ce qu'ils deviennent tendres. Assaisonner de sel, de poivre et de muscade. Ajouter le jus de lime, le persil et bien mélanger. Servir immédiatement.

COURGETTES GRILLÉES

POUR 4 PERSONNES

INGRÉDIENTS

- 2 c. à soupe (30 ml) d'huile d'olive de première pression à froid
- 2 c. à soupe (30 ml) de jus de lime frais
- 1/2 c. à thé (2 ml) de vinaigre balsamique
- 2 gousses d'ail pelées et broyées
- 2 à 3 c. à thé (10 à 15 ml) de pesto au basilic
- Sel et poivre au goût
- 2 courgettes moyennes, coupées en deux sur la longueur

- À l'aide d'un fouet, bien mélanger tous les ingrédients de la marinade et badigeonner les courgettes.

- Mettre les courgettes dans un poêlon, couvrir et faire cuire à feu doux pendant 5 minutes environ de chaque côté ou jusqu'à ce que les courgettes deviennent tendres. Prendre soin de badigeonner à nouveau avec la marinade en cours de cuisson. Faire cuire pendant 1 ou 2 minutes de plus à feu moyen pour obtenir de belles courgettes grillées.

GRATIN D'AUBERGINE
À LA TOMATE

POUR 4 PERSONNES

INGRÉDIENTS

- 2 c. à soupe (30 ml) d'huile d'olive de première pression à froid
- 8 rondelles d'aubergine d'environ 1 cm (1/2 po) d'épaisseur
- 8 tranches de tomates bien mûres
- 2 c. à soupe (30 ml) de pesto au basilic
- Sel et poivre au goût
- 5 oz (150 g) de fromage bocconcinni en fines tranches
- Son de blé

- Faire cuire les rondelles d'aubergine à la vapeur pendant 3 minutes et les égoutter.

- Préchauffer le four à gril.

- Placer les rondelles d'aubergine dans un plat allant au four et les garnir d'une rondelle de tomate. Assaisonner de pesto, de sel et de poivre.

- Recouvrir de tranches de fromage. Saupoudrer généreusement de son et faire griller au four pendant 4 minutes environ.

LÉGUMES CROUSTILLANTS À LA CRÈME SURE

POUR 4 PERSONNES

INGRÉDIENTS

- 2 c. à soupe (30 ml) d'huile d'olive de première pression à froid
- 1/2 oignon moyen, grossièrement haché
- 1/2 courgette moyenne, en fines rondelles
- 1/3 d'un brocoli moyen, en petits bouquets
- 1/3 d'un chou-fleur moyen, en petits bouquets
- 1/3 d'un poivron rouge en lanières
- 1 grosse gousse d'ail pelée et broyée
- 1/4 tasse (50 ml) de bouillon de poulet maison dégraissé
- 1/2 c. à thé (2 ml) de coriandre en poudre
- 1/2 c. à thé (2 ml) de curcuma en poudre
- 1/2 c. à thé (2 ml) de gingembre moulu
- Sel et poivre au goût
- 1/4 tasse (50 ml) de yogourt nature
- 1/4 tasse (50 ml) de crème sure
- 1 c. à soupe (15 ml) de persil frais, finement haché

- Mettre l'huile d'olive dans une casserole et faire revenir tous les légumes à feu doux pendant 7 ou 8 minutes.

- Ajouter l'ail, le bouillon de poulet et les assaisonnements. Laisser mijoter à feu doux pendant 3 minutes ou jusqu'à ce que les légumes soient tendres mais encore croquants.

- Incorporer le yogourt, la crème sure et le persil aux légumes. Bien mélanger et servir.

POIS VERTS AUX PETITS OIGNONS BLANCS

POUR 4 PERSONNES

INGRÉDIENTS

- 10 petits oignons blancs pelés
- 2 c. à soupe (30 ml) d'huile d'olive de première pression à froid
- 1 grosse gousse d'ail pelée et broyée
- 3/4 lb (350 g) de pois verts surgelés
- 1 1/2 c. à soupe (22 ml) de sauce tamari
- 1 1/2 c. à soupe (22 ml) de jus de lime frais
- 1/4 c. à thé (1 ml) de vinaigre balsamique
- 1/2 c. à thé (2 ml) de thym séché
- Sel et poivre au goût

- Faire bouillir les oignons dans de l'eau légèrement salée jusqu'à ce qu'ils ramollissent.

- Mettre l'huile d'olive dans une casserole et faire revenir les oignons avec l'ail à feu doux pendant 3 minutes.

- Ajouter les pois verts et le reste des ingrédients. Bien mélanger le tout, couvrir et faire cuire à feu moyen pendant 8 minutes en remuant de temps à autre.

RATATOUILLE

POUR 4 PERSONNES

INGRÉDIENTS

- 2 c. à soupe (30 ml) d'huile d'olive de première pression à froid
- 10 petits oignons pelés
- 1 1/2 tasse (375 ml) de tomates broyées
- 1/4 tasse (50 ml) de jus de tomates
- 1 aubergine moyenne, en morceaux
- 1 courgette moyenne, en morceaux
- 1/2 poivron vert en morceaux
- 1/2 poivron rouge en morceaux
- 1/2 tasse (125 ml) de haricots verts coupés en deux
- 1/2 tasse (125 ml) de haricots jaunes coupés en deux
- 1 grosse gousse d'ail pelée et broyée
- 2 c. à soupe (30 ml) de pesto au basilic
- 1 c. à soupe (15 ml) de sauce tamari
- 1 c. à thé (5 ml) de fines herbes de Provence séchées
- 1/2 c. à thé (2 ml) de thym séché
- Sel et poivre au goût

- Mettre l'huile d'olive dans une casserole et faire revenir les oignons à feu doux pendant 2 minutes.

- Ajouter le reste des ingrédients, couvrir et laisser mijoter à feu doux pendant 20 minutes ou jusqu'à ce que les légumes soient tendres mais encore croquants.

PLATS
GLUCIDIQUES

BULGHUR AUX POIS CHICHES

POUR 4 PERSONNES

INGRÉDIENTS

- 1 tasse (250 ml) de bulghur
- 2 tasses (500 ml) de bouillon de poulet maison dégraissé
- 2 c. à soupe (30 ml) d'huile d'olive de première pression à froid
- 1 oignon moyen, en morceaux
- 2 gousses d'ail pelées et broyées
- 1 tasse (250 ml) de brocoli en petits bouquets
- 1 tasse (250 ml) de chou-fleur en petits bouquets
- 1 tasse (250 ml) de courgettes, en demi-lunes
- 1 tasse (250 ml) d'abricots secs, en petits dés
- 2 1/2 tasses (625 ml) de tomates, en dés
- 2 tasses (500 ml) de tomates broyées
- 2 c. à thé (10 ml) de basilic séché
- 1 c. à thé (5 ml) d'origan séché
- 1/4 c. à thé (1 ml) de cumin
- 1/4 c. à thé (1 ml) de poivre noir moulu
- 1 feuille de laurier
- 1 pincée de piment de Cayenne
- 1 pincée de coriandre en poudre
- 1 pincée de curcuma en poudre
- 1 1/2tasse (375 ml) de pois chiches cuits (voir mode de cuisson p. 218).

- Dans une casserole, porter le bouillon de poulet à ébullition. Verser le bulghur, couvrir et laisser mijoter à feu doux de 20 à 25 minutes. Laisser reposer pendant 10 minutes, à couvert. Réserver.

- Mettre l'huile d'olive dans une casserole et faire revenir l'oignon avec l'ail à feu moyen.

- Ajouter le brocoli, le chou-fleur, les courgettes, les abricots, les tomates broyées, les tomates en dés et les assaisonnements. Laisser mijoter pendant 20 minutes environ.

- Ajouter les pois chiches et poursuivre la cuisson pendant 5 minutes.

- Déposer cette préparation sur un nid de bulghur cuit et servir.

CHILI VÉGÉTARIEN

POUR 4 PERSONNES

INGRÉDIENTS

- 1 c. à soupe (15 ml) d'huile d'olive de première pression à froid
- 2 oignons moyens, finement hachés
- 1 branche de céleri émincée
- 3 gousses d'ail pelées et broyées
- 1 petite aubergine pelée et coupée en cubes
- 1 courgette en cubes
- 5 tasses (1,25 l) de tomates broyées
- 1 à 2 c. à soupe (15 à 30 ml) de poudre de chili
- 1 c. à soupe (15 ml) de cumin
- 1 c. à soupe (15 ml) d'origan séché
- 1 c. à soupe (15 ml) de basilic séché
- 1/2 c. à thé (2 ml) de piment de Cayenne
- 1 poivron jaune en cubes
- 1 poivron vert en cubes
- 1 tasse (250 ml) de haricots rouges cuits
  (voir mode de cuisson p. 218)
- 1 tasse (250 ml) de haricots noirs cuits
  (voir mode de cuisson p. 218)
- Sel de légumes au goût

- Mettre l'huile d'olive dans une grande casserole et faire revenir les oignons avec le céleri et l'ail à feu doux pendant 5 minutes.

- Ajouter l'aubergine, couvrir et faire cuire à feu doux environ 10 minutes en remuant de temps à autre.
- Ajouter la courgette, les tomates et les assaisonnements. Bien mélanger. Couvrir partiellement et laisser mijoter pendant 30 minutes en remuant de temps à autre.

- Incorporer les poivrons et les haricots. Mélanger et assaisonner de sel de légumes. Couvrir partiellement et poursuivre la cuisson pendant 20 minutes environ.

SUGGESTION

Servir sur un lit d'orge mondé ou de millet.

CIGARES AU FROMAGE ET À L'ÉPINARD

POUR 4 PERSONNES

INGRÉDIENTS

- 4 lasagnes de blé entier
- 4 lasagnes de blé entier aux épinards
- 1 c. à soupe (15 ml) d'huile d'olive de première pression à froid
- 1/3 d'un oignon moyen, finement haché
- 6 champignons émincés
- 1/3 d'une branche de céleri émincée
- 3 1/4 tasses (800 ml) de tomates broyées
- 2 gousses d'ail pelées et broyées
- 1/2 c. à soupe (7 ml) de thym séché
- 1/2 c. à thé (2 ml) de sarriette séchée
- Sel et poivre au goût

GARNITURE

- 1 œuf moyen battu
- 3 œufs durs moyens, finement hachés
- 3/4 tasse (175 ml) de fromage cottage
- 1/2 tasse (125 ml) de fromage mozzarella ou cheddar partiellement écrémé, râpé
- 1/2 tasse (125 ml) de fromage parmesan frais, râpé
- 2 c. à soupe (30 ml) de persil frais, finement haché
- 1 tasse (250 ml) d'épinards cuits et égouttés

- Faire cuire les pâtes dans de l'eau bouillante salée pendant 12 minutes.

- Pendant ce temps, dans une casserole, faire revenir l'oignon, les champignons et le céleri dans l'huile d'olive à feu doux jusqu'à ce qu'ils deviennent tendres. Ajouter les tomates broyées avec l'ail et les assaisonnements. Bien remuer la sauce, couvrir et laisser mijoter à feu doux pendant 10 minutes.

- Préchauffer le four à 350 °F (180 °C).

- Mélanger les 6 premiers ingrédients de la garniture dans un bol. Étaler la préparation sur les pâtes préalablement rincées à l'eau froide et égouttées. Étendre les épinards et rouler les lasagnes. Verser une quantité de sauce tomate pour recouvrir le fond d'un plat allant au four. Déposer les cigares dans le moule et verser le reste de la sauce. Cuire au four de 30 à 35 minutes. Laisser reposer 5 minutes avant de servir.

COURGETTES FARCIES

POUR 4 PERSONNES

INGRÉDIENTS

- 2 courgettes moyennes
- 1 tasse (250 ml) de lentilles vertes cuites (voir mode de cuisson p. 218)
- 2 c. à soupe (30 ml) d'huile d'olive de première pression à froid
- 1 oignon moyen, finement haché
- 1 gousse d'ail pelée et broyée
- 1 poivron rouge en petits morceaux
- 1 c. à soupe (15 ml) de basilic frais, finement haché
- 1 c. à soupe (15 ml) de sauce tamari
- 1 tasse (250 ml) de fromage emmenthal hongrois râpé

- Couper les courgettes en deux dans le sens de la longueur. Vider et garder la pulpe.

- Dans un bol, mélanger la pulpe avec les lentilles vertes. Réserver.

- Mettre l'huile d'olive dans une casserole et faire revenir l'oignon avec l'ail à feu moyen pendant 2 ou 3 minutes. Ajouter le poivron, le basilic et le tamari. Poursuivre la cuisson pendant 5 minutes. Incorporer la préparation de courgettes et de lentilles. Bien mélanger et faire cuire pendant 2 ou 3 minutes.

- Préchauffer le four à 350 °F (180 °C).

- Farcir les courgettes et garnir de fromage. Mettre au four de 10 à 15 minutes ou jusqu'à ce que les courgettes soient tendres.

CRETONS VÉGÉTARIENS

DONNE 2 TASSES (500 ML) ENVIRON

INGRÉDIENTS

- 3/4 tasse (175 ml) de lentilles vertes sèches
- 1 c. à thé (5 ml) d'huile d'olive de première pression à froid
- 1/2 tasse (125 ml) d'oignon haché
- 1 gousse d'ail pelée et broyée
- 1 c. à thé (5 ml) de levure alimentaire
- 1 c. à thé (5 ml) de sauce tamari
- 1/4 c. à thé (1 ml) de clou de girofle moulu
- 1/4 c. à thé (1 ml) de cannelle moulue
- 1/4 c. à thé (1 ml) de muscade moulue
- 2 1/4 tasses (550 ml) de bouillon de poulet maison dégraissé ou de bouillon de légumes

- Moudre les lentilles vertes sèches dans un moulin à café ou au robot culinaire.

- Dans un poêlon, faire chauffer l'huile d'olive à feu moyen. Ajouter l'oignon, l'ail, la levure, le tamari, les épices avec les lentilles et faire revenir le tout pendant 3 minutes environ.

- Incorporer le bouillon et poursuivre la cuisson pendant 10 minutes.

- Déposer la préparation dans un moule et laisser refroidir.

CROQUETTES AU TOFU À L'ITALIENNE

POUR 3 OU 4 PERSONNES

INGRÉDIENTS

- 1/2 lb (225 g) de tofu ferme, émietté
- 2 gros œufs battus
- 1/2 tasse (125 ml) de son d'avoine
- 1/4 tasse (50 ml) de fromage parmesan frais, râpé
- 1/4 tasse (50 ml) de persil frais, finement haché
- 1 c. à soupe (15 ml) d'oignon en poudre
- 2 c. à thé (10 ml) d'ail en poudre
- 1 c. à thé (5 ml) d'origan séché
- 1 c. à thé (5 ml) de basilic séché
- 1/2 c. à thé (2 ml) de poivre noir moulu
- 1/2 c. à thé (2 ml) de muscade moulue

- Dans un bol, bien mélanger tous les ingrédients sauf les œufs. Laisser reposer au réfrigérateur pendant au moins 2 heures.

- Préchauffer le four à 350 °F (180 °C).

- Ajouter les œufs au mélange et façonner en forme de croquettes. Déposer les croquettes dans un plat allant au four.

- Mettre au four et faire dorer de 10 à 15 minutes.

FALAFELS

INGRÉDIENTS

- 3 c. à soupe (45 ml) de bulghur
- 1/3 tasse (75 ml) d'eau bouillante
- 1 gousse d'ail coupée en deux
- 1 tasse (250 ml) de pois chiches cuits
  (voir mode de cuisson p. 218)
- 1/2 petit oignon grossièrement haché
- 1/2 tasse (125 ml) de pain intégral, en dés
- 2 c. à soupe (30 ml) de jus de citron frais
- 1/2 c. à thé (2 ml) de cumin
- 1/2 c. à thé (2 ml) de poudre de chili
- 1/4 c. à thé (1 ml) de poivre noir moulu
- 1/4 tasse (50 ml) de persil frais, finement haché
- 1 c. à soupe (15 ml) d'huile d'olive de première pression à froid

- Mettre le bulghur dans un bol et verser l'eau bouillante dessus. Laisser reposer pendant 30 minutes.

- Au robot culinaire, mettre tous les ingrédients sauf le persil et réduire en purée.

- Ajouter le persil et mélanger le tout.

- Préchauffer le four à 400 °F (200 °C).

- À l'aide d'une grosse cuillère, déposer le mélange sur une plaque allant au four préalablement badigeonnée d'huile d'olive. Aplatir chacune des portions en un pâté de 1 cm (1/2 po) d'épaisseur. Mettre au four pendant 20 minutes ou jusqu'à ce que les pâtés soient fermes, en prenant soin de les retourner à la mi-cuisson.

MACARONIS AUX TROIS FROMAGES

POUR 4 PERSONNES

INGRÉDIENTS

- 2 tasses (500 ml) de macaronis de soya
- 1 c. à soupe (15 ml) d'huile d'olive de première pression à froid
- 2 1/2 tasses (625 ml) de tomates broyées
- 1 gousse d'ail pelée et broyée
- 2 c. à soupe (30 ml) de persil frais, finement haché
- Sel et poivre au goût
- 1/2 tasse (125 ml) de fromage cheddar fort, râpé
- 1/2 tasse (125 ml) de fromage mozzarella partiellement écrémé, râpé
- 1/2 tasse (50 ml) de fromage parmesan frais, râpé

- Préchauffer le four à 350 °F (180 °C).

- Faire cuire les pâtes dans de l'eau bouillante salée pendant 10 minutes et les égoutter. Étaler les macaronis dans un plat allant au four.

- Ajouter l'huile d'olive, les tomates avec l'ail et le persil. Saler, poivrer et bien mélanger.

- Recouvrir de fromage râpé et faire cuire au four pendant 30 minutes environ.

RAGOÛT SANTÉ

POUR 4 PERSONNES

INGRÉDIENTS

- 3/4 lb (350 g) de tofu ferme, en cubes
- 2 oignons moyens, en dés
- 1 chou-fleur en petits bouquets
- 1 petit brocoli en petits bouquets
- 12 champignons coupés en deux
- 2 tasses (500 ml) de tomates, en dés
- 1 tasse (250 ml) de bouillon de bœuf maison dégraissé
- 2 c. à soupe (30 ml) d'huile d'olive de première pression à froid
- 1 c. à soupe (15 ml) d'oignon en poudre
- 1 c. à soupe (15 ml) d'ail en poudre
- 1 c. à thé (5 ml) de thym séché
- 2 à 3 feuilles de laurier
- Sel et poivre au goût

- Mettre tous les ingrédients dans une casserole. Laisser mijoter de 30 à 40 minutes et servir.

RIZ AUX LENTILLES

POUR 4 PERSONNES

INGRÉDIENTS

- 1 1/2 tasse (375 ml) de lentilles vertes cuites (voir mode de cuisson p. 218)
- 1 1/2 tasse (375 ml) de riz basmati brun cuit (voir mode de cuisson p. 217)
- 1 oignon finement haché
- 1 grosse gousse d'ail pelée et broyée
- 1/4 tasse (50 ml) de persil frais, finement haché

VINAIGRETTE

- 1/4 tasse (50 ml) d'huile d'olive de première pression à froid
- 2 c. à soupe (30 ml) de jus de citron frais
- 1 1/2 c. à soupe (22 ml) de sauce tamari
- 1/2 à 1 c. à soupe (7 à 15 ml) de pesto au basilic
- Sel et poivre au goût

- Dans un bol, mettre tous les ingrédients de la salade et de la vinaigrette. Bien mélanger et réfrigérer pendant 30 minutes avant de servir.

RIZ BRUN AU CARI
ET AUX ABRICOTS

POUR 4 PERSONNES

INGRÉDIENTS

- 1 c. à soupe (15 ml) d'huile d'olive de première pression à froid
- 1 oignon moyen, émincé
- 1 gousse d'ail pelée et broyée
- 8 abricots secs émincés
- 2 c. à thé (10 ml) de poudre de cari
- 3/4 tasse (175 ml) de riz basmati brun
- 2 tasses (500 ml) d'eau
- 2 c. à soupe (30 ml) de jus de citron frais
- 1/4 c. à thé (1 ml) de poivre noir moulu
- 1/4 c. à thé (1 ml) de thym séché

- Préchauffer le four à 400 °F (200 °C).

- Dans une casserole allant au four, faire chauffer l'huile à feu doux. Ajouter l'oignon avec l'ail et faire revenir pendant 5 minutes ou jusqu'à ce que l'oignon soit tendre.

- Ajouter les abricots et poursuivre la cuisson pendant 3 minutes en remuant de temps à autre.

- Incorporer la poudre de cari et faire cuire de 3 à 5 minutes. Ajouter le riz et faire revenir de 3 à 5 minutes ou jusqu'à ce qu'il soit doré.

- Entre-temps, porter l'eau à ébullition et verser sur le riz avec le jus de citron. Assaisonner de poivre et de thym. Couvrir et mettre au four de 45 à 50 minutes ou jusqu'à ce que tout le liquide soit absorbé et que le riz soit tendre.

SALADE DE LÉGUMINEUSES

POUR 4 PERSONNES

INGRÉDIENTS

- 1 branche de céleri, en dés
- 1/2 poivron vert, en dés
- 1/2 poivron rouge, en dés
- 2 oignons verts émincés
- 1 tasse (250 ml) de haricots rouges cuits
  (voir mode de cuisson p. 218)
- 1 tasse (250 ml) de pois chiches cuits
  (voir mode de cuisson p. 218)
- 1/4 tasse (50 ml) de persil frais, finement haché
- Vinaigrette balsamique (voir recette p. 63)

- Dans un saladier, mettre tous les ingrédients et bien mélanger.

- Assaisonner de vinaigrette balsamique et mélanger pour bien enrober les ingrédients. Laisser reposer 15 minutes avant de servir.

SALADE DE MILLET AUX LÉGUMES

POUR 4 PERSONNES

INGRÉDIENTS

- 2 tasses (500 ml) d'eau
- 1/2 c. à thé (2 ml) de concentré de bouillon végétal «Nutri-Chef»
- 1 tasse (250 ml) de millet
- 1 grosse tomate bien mûre, en dés
- 1/2 poivron vert, en dés
- 1/2 poivron rouge, en dés
- 1/4 d'une courgette, en dés
- 1 petite gousse d'ail pelée et broyée
- 1/4 tasse (50 ml) de jus de lime frais
- 2 c. à soupe (30 ml) d'olives vertes dénoyautées et finement coupées en rondelles
- 1 c. à soupe (15 ml) de câpres
- 1 c. à thé (5 ml) de pesto au basilic
- 2 c. à soupe (30 ml) de persil frais, finement haché
- 3 c. à soupe (45 ml) de ciboulette fraîche, finement hachée
- 1 pincée de poudre de cari
- Sel et poivre au goût

- Dans une casserole, porter l'eau avec le concentré de bouillon à ébullition. Ajouter le millet préalablement bien rincé à l'eau tiède. Couvrir et laisser mijoter à feu doux de 20 à 25 minutes. Laisser reposer pendant 10 minutes, à couvert.

- Mettre le millet dans un saladier et réfrigérer de 1 heure à 1 1/2 heure.

- Prenez soin de bien défaire les grains de millet à l'aide d'une fourchette et ajouter tous les ingrédients. Bien mélanger et réfrigérer à nouveau pendant 1 heure avant de servir.

SALADE DE RIZ SAUVAGE

POUR 4 PERSONNES

INGRÉDIENTS

- 3 tasses (750 ml) de riz sauvage cuit (voir mode de cuisson p. 217)
- 1/4 tasse (50 ml) d'amandes crues émincées
- 1/4 d'un poivron rouge ou jaune, en dés
- 1/4 d'un poivron vert, en dés
- 1/2 branche de céleri, en dés
- 2 c. à soupe (30 ml) d'oignon rouge finement haché
- Vinaigrette balsamique et/ou bruchetta (voir recettes p. 63 et 68)

- Mettre tous les ingrédients dans un saladier et bien mélanger.

- Assaisonner de vinaigrette balsamique, de bruchetta ou des deux. Mélanger la salade pour bien l'enrober. Laisser reposer pendant 15 minutes avant de servir.

SALADE TABOULÉ
AUX POIS CHICHES

POUR 4 PERSONNES

INGRÉDIENTS

- 1 1/2 tasse (375 ml) de bulghur cuit
  (voir mode de cuisson p. 217)
- 1 tasse (250 ml) de pois chiches cuits
  (voir mode de cuisson p. 218)
- 2 tomates moyennes bien mûres, épépinées et finement
  hachées
- 1 oignon vert émincé
- 2 gousses d'ail pelées et broyées
- 2 tasses (500 ml) de persil frais, finement haché
- 3 c. à soupe (45 ml) de jus de citron frais
- 2 c. à soupe (30 ml) d'huile d'olive de première pression à
  froid
- Sel et poivre au goût

- Mettre tous les ingrédients dans un saladier et bien mélanger.
  Réfrigérer pendant 30 minutes avant de servir.

SARRASIN AU CITRON ET CARI

POUR 2 PERSONNES

INGRÉDIENTS

- 1 c. à soupe (15 ml) d'huile d'olive de première pression à froid
- 1 tasse (250 ml) de champignons émincés
- 1 gousse d'ail pelée et broyée
- 1/2 oignon moyen, haché
- 1/2 c. à thé (2 ml) de poivre noir moulu
- 1/4 c. à thé (1 ml) de sel
- 2 c. à soupe (30 ml) de vin blanc sec
- Le zeste d'un demi-citron frais
- 1 tasse (250 ml) de sarrasin cuit (voir mode de cuisson p. 217)
- 1/4 à 1/2 c. à thé (1 à 2 ml) de poudre de cari

- Mettre l'huile d'olive dans une casserole et faire chauffer à feu moyen. Ajouter les champignons, l'ail, l'oignon, le poivre, le sel et faire revenir le tout pendant 5 minutes ou jusqu'à ce que les champignons soient dorés.

- Incorporer le vin blanc, le zeste de citron, le sarrasin et assaisonner de poudre de cari. Mélanger la préparation. Laisser cuire quelques minutes et servir.

TABOULÉ

INGRÉDIENTS

- 3/4 tasse (175 ml) de bulghur cuit
  (voir mode de cuisson p. 217)
- 1 tomate moyenne, hachée
- 1 oignon vert haché
- 1 tasse (250 ml) de persil frais, finement haché
- 1/4 tasse (50 ml) de menthe fraîche, finement hachée
- Le jus frais d'un citron et demi
- 1/3 tasse (75 ml) d'huile d'olive de première pression à froid
- 1 gousse d'ail pelée et broyée
- Sel et poivre au goût

- Dans un bol, bien mélanger tous les ingrédients. Mettre au réfrigérateur pendant 30 minutes environ.

- Déposer le taboulé sur des feuilles de laitue et servir.

TOFU GRILLÉ

POUR 4 PERSONNES

INGRÉDIENTS

- 2 tasses (500 ml) de chou rouge finement haché
- 1/4 c. à thé (1 ml) de sel
- 1 tomate moyenne, en dés
- 1 oignon vert émincé
- 2 c. à soupe (30 ml) de persil frais, finement haché
- 2 c. à soupe (30 ml) de vinaigre balsamique
- 1 c. à soupe (15 ml) d'huile de sésame
- 1 gousse d'ail pelée et broyée
- 1/2 c. à thé (2 ml) de poudre de chili
- 1/4 c. à thé (1 ml) de poivre noir moulu

TOFU GRILLÉ

- 3/4 lb (350 g) de tofu ferme
- 2 c. à soupe (30 ml) de sauce tamari
- 1 c. à soupe (15 ml) d'huile de sésame
- 1 c. à soupe (15 ml) de gingembre frais, finement haché

- Dans un bol, saupoudrer le chou avec le sel. Dans un grand bol, mélanger la tomate, l'oignon vert, le persil, le vinaigre balsamique, l'huile de sésame, l'ail avec le chili et le poivre. Ajouter le chou rouge et bien mélanger le tout. Réserver.

- Couper le tofu en tranches d'environ 1 cm (1/2 po) d'épaisseur.

- Dans un plat allant au four, mélanger le tamari, l'huile de sésame et le gingembre. Mettre les tranches de tofu dans le plat et les retourner pour bien les enrober. Laisser mariner à la température ambiante pendant au moins 30 minutes en prenant soin de retourner le tofu une fois.

- Préchauffer le four à 375 °F (190 °C) et faire cuire pendant 20 minutes ou jusqu'à ce que le tofu soit légèrement doré en prenant soin de le retourner une fois en cours de cuisson.

- Servir le tofu grillé sur le chou rouge.

TOMATES FARCIES

POUR 4 PERSONNES

INGRÉDIENTS

- 4 grosses tomates
- 2 oignons moyens, hachés finement
- 1 tasse (250 ml) de riz brun basmati cuit (voir mode de cuisson p. 217)
- 1 tasse (250 ml) de haricots rouges cuits (voir mode de cuisson p. 218)
- 1/4 tasse (50 ml) de fromage parmesan frais, râpé
- 1/2 c. à thé (2 ml) de poivre noir moulu
- 1/2 c. à thé (2 ml) de poudre de chili

- Couper une fine tranche sous chacune des tomates avec un couteau bien affûté pour qu'elles tiennent debout. Retirer le cœur. Évider les tomates avec une cuillère et réserver la chair.

- Préchauffer le four à 400 °F (200 °C).

- Dans un bol, bien mélanger le reste des ingrédients avec la chair des tomates. Garnir les tomates et déposer dans un plat allant au four.

- Couvrir de papier d'aluminium les tomates farcies et mettre au four pendant 15 minutes.

DESSERTS

COULIS DE FRAMBOISES

POUR 4 PERSONNES

INGRÉDIENTS

- 2 tasses (500 ml) de framboises fraîches ou surgelées
- 1 c. à soupe (15 ml) de fructose
- 1 c. à thé (5 ml) de jus de citron frais

- Au mélangeur ou au robot culinaire, réduire les framboises en purée en ajoutant le fructose et le jus de citron. Verser sur un flan et servir.

CRÈME À LA FRAMBOISE

POUR 4 PERSONNES

INGRÉDIENTS

- 3/4 lb (350 g) de tofu mou
- 1 tasse (250 ml) de framboises fraîches ou surgelées
- 2 c. à soupe (30 ml) de fructose (facultatif)

- Déposer tous les ingrédients dans un robot culinaire pour obtenir une crème lisse.

DÉLICE AU CHOCOLAT

POUR 4 À 6 PERSONNES

INGRÉDIENTS

- 1/2 lb (250 g) de chocolat noir à 70 % de cacao minimum
- 4 gros jaunes d'œufs
- 4 gros blancs d'œufs
- 1/2 tasse (125 ml) de fructose
- 1/2 tasse (125 ml) de crème 35% fouettée

- Faire fondre le chocolat préalablement coupé en morceaux au bain-marie à feu moyen. Réserver.

- Dans un bol, battre les jaunes d'œufs avec le fructose jusqu'à obtenir une consistance mousseuse. Incorporer délicatement ce mélange au chocolat.

- Monter les blancs d'œufs en neige dans un autre bol. Incorporer délicatement le chocolat et la crème fouettée à cette préparation.

- Réfrigérer pendant 4 heures et servir.

FLAN AUX PETITS FRUITS DES CHAMPS

POUR 4 PERSONNES

INGRÉDIENTS

- 2 gros œufs
- 4 gros jaunes d'œufs
- 1/4 tasse (50 ml) de fructose
- 1/4 c. à thé (1 ml) de sel
- 1/4 c. à thé (1 ml) d'essence de vanille naturelle
- 2 tasses (500 ml) de lait
- 3 c. à soupe (45 ml) d'une noix de coco fraîche, râpée
- 3 c. à soupe (45 ml) de noix émiettées, au choix

- Préchauffer le four à 300 °F (150 °C).

- Dans un bol, battre les œufs, le fructose, le sel et la vanille. Dans une casserole, faire frémir à peine le lait et l'ajouter à la préparation d'œufs tout en battant continuellement.

- Verser dans 6 ramequins et faire cuire au bain-marie dans le four pendant 1 heure.

- Démouler et saupoudrer de noix de coco et de noix émiettées. Servir accompagné de petits fruits des champs ou napper de coulis aux petits fruits.

FONDUE AU CHOCOLAT

POUR 3 OU 4 PERSONNES

INGRÉDIENTS

- 7 oz (200 g) de chocolat noir à 70 % de cacao minimum
- 1 tasse (250 ml) de noix variées crues, hachées
- 2 à 3 tasses (500 à 750 ml) de fraises fraîches, équeutées

- Couper le chocolat en morceaux et le faire fondre au bain-marie.

- Mettre la préparation dans un plat à fondue à chocolat.

- Tremper les fraises dans la fondue et les rouler dans les noix. Déguster.

FRIANDISES AU CHOCOLAT

POUR 3 OU 4 PERSONNES

INGRÉDIENTS

- 1/2 tasse (125 ml) de chocolat noir à 70 % cacao minimum coupé en morceaux
- 1/4 tasse (50 ml) d'amandes crues hachées
- 1/2 tasse (125 ml) de noix de coco sans sucre, râpée

- Faire fondre le chocolat au bain-marie à feu doux. Retirer du feu. Ajouter les amandes et la noix de coco. Bien mélanger le tout.

- À l'aide d'une cuillère, déposer la préparation sur du papier ciré. Réfrigérer pendant au moins 1 heure et servir.

MOUSSE AU CHOCOLAT

POUR 4 À 6 PERSONNES

INGRÉDIENTS

- 3 1/2 oz (100 g) de chocolat amer à 70 % de cacao minimum
- 3 gros jaunes d'œufs
- 2 à 3 c. à soupe (30 à 45 ml) de fructose
- 3/4 tasse (175 ml) de crème 35 %
- 5 gros blancs d'œufs

- Couper le chocolat en morceaux et le faire fondre dans 1 c. à soupe d'eau au bain-marie tout en remuant à l'aide d'une spatule.

- Dans un bol, battre les jaunes d'œufs et la moitié du fructose pour obtenir un mélange mousseux. Ajouter progressivement le chocolat fondu en battant continuellement et réserver.

- Monter les blancs d'œufs en neige dans un autre bol et réserver.

- Battre la crème et le reste du fructose dans un bol jusqu'à l'obtention d'une consistance ferme.

- À l'aide d'une spatule, incorporer délicatement la crème fouettée puis les blancs d'œufs en neige au mélange d'œufs et de chocolat. Verser dans 4 ou 6 coupes individuelles et réfrigérer pendant 5 heures avant de servir.

MOUSSE AUX FRAISES

POUR 4 PERSONNES

INGRÉDIENTS

- 1 c. à soupe (15 ml) de gélatine sans saveur
- 1/4 tasse (50 ml) d'eau ou de jus des fraises décongelées
- 1 tasse (250 ml) de fraises fraîches ou surgelées
- 1/2 tasse (125 ml) de yogourt nature
- 2 gros blancs d'œufs
- 1/4 tasse (50 ml) de fructose

- Dans une petite casserole, saupoudrer la gélatine sur l'eau ou sur le jus des fraises et laisser gonfler pendant 5 minutes. Faire dissoudre à feu doux et bien mélanger.

- Dans un bol, mélanger les fraises, le yogourt et la préparation de gélatine. Réfrigérer jusqu'à ce que le mélange commence à prendre, c'est-à-dire qu'il ait la consistance de blancs d'œufs crus.

- Dans un autre bol, battre les blancs d'œufs jusqu'à ce qu'ils forment des pics mous. Ajouter graduellement le fructose jusqu'à ce que le mélange forme des pics fermes et brillants.

- Incorporer, en fouettant délicatement, environ le quart des blancs d'œufs au mélange de fraises puis ajouter le reste des blancs d'œufs. Verser dans 4 coupes individuelles et réfrigérer pendant 1 heure. Décorer de fraises fraîches avant de servir.

MOUSSE GLACÉE
AU CITRON ET À LA LIME

POUR 4 PERSONNES

INGRÉDIENTS

- 4 gros jaunes d'œufs
- 1/2 tasse (125 ml) de fructose
- Le zeste d'un citron frais, finement râpé
- Le zeste d'une lime fraîche, finement râpé
- 1/4 tasse (50 ml) de jus de citron frais
- 1/4 tasse (50 ml) de jus de lime frais
- 1 tasse (250 ml) de crème 35 % fouettée
- 4 gros blancs d'œufs

- Dans un grand bol, mélanger les jaunes d'œufs, la moitié du fructose, les zestes et les jus de citron et de lime. Placer le bol au-dessus d'une eau frémissante mais non bouillante et cuire, en fouettant continuellement pendant 8 minutes environ ou jusqu'à ce que le mélange devienne épais et mousseux. Couvrir directement la surface du mélange d'une pellicule de plastique. Réfrigérer 30 minutes environ ou jusqu'à ce que la préparation soit refroidie.

- Incorporer le mélange refroidi à la crème fouettée, en soulevant délicatement la masse et réserver.

- Dans un autre bol, battre les blancs d'œufs jusqu'à ce qu'ils forment des pics mous. Ajouter graduellement le reste du fructose et battre jusqu'à ce que le mélange forme des pics fermes et brillants.

- Incorporer le quart de la préparation aux blancs d'œufs au mélange de citron et de lime en soulevant délicatement la masse. Ajouter le reste des blancs d'œufs en soulevant à nouveau délicatement la masse.

- Tapisser un moule à pain de papier ciré et laisser dépasser un excédent de 2,5 cm (1 po). Verser la mousse au citron et à la lime dans le moule et lisser le dessus. Congeler pendant au moins 6 heures ou jusqu'à ce que la mousse soit ferme. Envelopper la mousse d'une pellicule de plastique ou de papier d'aluminium et congeler jusqu'au lendemain.

MUFFINS AU SON ET AUX ABRICOTS

DONNE 12 MUFFINS

INGRÉDIENTS

- 1 1/2 tasse (375 ml) de son naturel
- 3/4 tasse (175 ml) d'eau bouillante
- 1 gros œuf
- 3/4 tasse (175 ml) de tofu mou
- 1/2 tasse (125 ml) de yogourt nature
- 1 c. à soupe (15 ml) d'huile d'olive de première pression à froid
- 1/2 tasse (125 ml) d'abricots secs hachés
- 1 1/4 tasse (300 ml) de farine de blé entier biologique moulu sur pierre
- 1/4 tasse (50 ml) de fructose
- 1 c. à thé (5 ml) de soda à pâte
- 1 petite pincée de sel
- 2 c. à thé (10 ml) de poudre à pâte sans alun
- 1/4 c. à thé (2 ml) clou de girofle moulu
- 1/2 c. à thé (2 ml) de cannelle moulue
- 1/2 c. à thé (2 ml) de muscade moulue

- Dans un grand bol, arroser le son avec l'eau bouillante. Bien mélanger et laisser refroidir. Réserver.

- Au mélangeur, réduire en purée l'œuf, le tofu, le yogourt et l'huile d'olive.

- Ajouter le son et les abricots.

- Dans un bol, tamiser ensemble la farine, le fructose, le soda, le sel, la poudre à pâte et les épices. Incorporer la préparation au son au mélange d'ingrédients secs. Mélanger à l'aide d'une fourchette jusqu'à ce que le tout soit humidifié.

- Préchauffer le four à 400 °F (200 °C).

- Verser dans 12 moules à muffins préalablement badigeonnés avec une petite quantité d'huile d'olive. Mettre au four de 15 à 20 minutes.

N.B. Il est possible de remplacer le tofu mou par du yogourt nature.

NEIGE AUX FRAMBOISES

POUR 4 PERSONNES

INGRÉDIENTS

- 2 tasses (500 ml) de framboises fraîches ou surgelées
- 1/4 tasse (50 ml) de fructose
- 1 tasse (250 ml) de yogourt nature
- 1/4 tasse (50 ml) de crème sure
- 1/4 c. à thé (1 ml) de zeste d'orange frais, râpé
- 1/4 c. à thé (1 ml) d'essence de vanille naturelle
- Feuilles de menthe fraîches

- Dans un bol, bien mélanger les framboises et le fructose. Laisser reposer pendant 20 minutes en remuant de temps à autre. Réserver.

- Mélanger le yogourt, la crème sure, le zeste d'orange et la vanille dans un autre bol.

- Déposer un tiers de la préparation aux framboises, en répartissant également dans 4 coupes à sorbet. Couvrir de 2 c. à soupe du mélange au yogourt. Répéter avec une autre couche du mélange aux framboises et une autre couche de la préparation au yogourt.

- Déposer le reste du mélange aux framboises et répartir également. Ajouter 1 c. à soupe du mélange au yogourt sur le dessus. Garnir de feuilles de menthe fraîches et servir.

POIRES POCHÉES

POUR 4 PERSONNES

INGRÉDIENTS

- 4 poires mûres mais fermes
- Le jus d'un citron frais
- 1/2 tasse (125 ml) de fructose
- 1/4 tasse (50 ml) d'eau
- 1 c. à thé (5 ml) d'essence de vanille naturelle

- À l'aide d'un couteau bien affûté, faire une petite entaille en forme de cône à la base de chaque poire pour en retirer le cœur sans abîmer la queue de la poire. Peler délicatement les poires de bas en haut.

- Arroser les poires de jus de citron pour les empêcher de noircir et les déposer dans un plat allant au four.

- Préchauffer le four à 350 °F (180 °C).

- Dans une casserole, mettre le fructose, l'eau et la vanille. Faire cuire jusqu'à ce que le fructose soit complètement dissous. Verser le sirop sur les fruits.

- Mettre au four de 10 à 15 minutes ou jusqu'à ce que les poires soient tendres.

SALADE DE FRUITS D'ÉTÉ

POUR 4 PERSONNES

INGRÉDIENTS

- 1 orange, en dés
- 1 pomme rouge, en dés
- 1 tasse (250 ml) d'ananas frais, en morceaux
- 1 pêche ou nectarine fraîche, en dés
- 3/4 tasse (175 ml) de raisins verts ou rouges sans pépins
- 3/4 tasse (175 ml) de fraises fraîches, en morceaux
- 1/2 tasse (125 ml) de jus d'ananas (sans sucre)
- 1/2 tasse (125 ml) de jus d'orange frais

- Dans un grand bol, mélanger tous les fruits et arroser de jus d'ananas et d'orange. Réfrigérer pendant 2 heures avant de servir.

SORBET AUX FRAISES

POUR 3 OU 4 PERSONNES

INGRÉDIENTS

- 1 tasse (250 ml) de fraises fraîches ou surgelées
- 1/4 tasse (50 ml) de fructose (facultatif)
- 1 gros blanc d'œuf

- Dans un robot culinaire, déposer les fraises et le fructose. Réduire en purée. Étendre cette préparation dans un grand plat. Mettre au congélateur pendant au moins 8 heures.

- Lorsque la préparation est solide, défaire en morceaux à l'aide d'un couteau. Mettre à nouveau dans le robot culinaire et réduire en plus petits morceaux.

- Ajouter le blanc d'œuf et mélanger jusqu'à l'obtention d'une consistance crémeuse.

- Servir immédiatement.

YOGOURT GLACÉ
AUX FRAMBOISES

POUR 4 PERSONNES

INGRÉDIENTS

- 1 tasse (250 ml) de yogourt nature
- 1 tasse (250 ml) de framboises fraîches ou surgelées
- 1/4 tasse (50 ml) de fructose (facultatif)
- 1 gros blanc d'œuf

- Dans un robot culinaire, déposer le yogourt avec les framboises et le fructose. Réduire en purée et étendre ce mélange dans un grand plat. Réfrigérer pendant au moins 8 heures.

- Défaire la préparation solide en morceaux à l'aide d'un couteau. Mettre à nouveau dans le robot culinaire et réduire en plus petits morceaux.

- Ajouter le blanc d'œuf et mélanger jusqu'à l'obtention d'une consistance crémeuse.

- Servir immédiatement.

MODE DE CUISSON DES CÉRÉALES

PRÉPARATION DES CÉRÉALES

1. Rincer plusieurs fois les grains de céréales à l'eau tiède avant la cuisson. Faire tremper si nécessaire.

2. Porter l'eau à ébullition, ajouter la céréale et couvrir. Réduire à feu doux et laisser cuire le temps requis (voir tableau).

3. Une fois la cuisson terminée, laisser reposer à couvert pendant 5 minutes.

TABLEAU DE CUISSON DES CÉRÉALES

Céréales (pour une tasse)	Trempage	Eau (cuisson)	Cuisson (approximatif)	Rendement (approximatif)
Bulghur	_____	2 tasses	15 à 20 minutes	3 tasses
Flocons d'avoine entière	_____	2 tasses	15 à 20 minutes	2 tasses
Millet	_____	2 tasses	20 à 25 minutes	4 tasses
Orge mondé	3 à 4 heures	2 tasses	45 à 60 minutes	3 tasses
Quinoa	_____	2 tasses	12 à 15 minutes	3 tasses
Riz brun	_____	2 tasses	40 minutes	4 tasses
Riz sauvage	_____	2 1/2 tasses	40 minutes	4 tasses
Sarrasin entier	_____	2 tasses	15 à 20 minutes	3 à 4 tasses

MODE DE CUISSON
DES LÉGUMINEUSES

PRÉPARATION DES LÉGUMINEUSES

1. Trier et bien rincer les légumineuses.

2. Dans un grand bol, faire tremper une tasse des légumineuses de votre choix dans 3 tasses d'eau froide. (Il est possible de congeler une partie des légumineuses trempées, ce qui abrégera la prochaine préparation.)

3. Jeter l'eau que vous avez utilisée pour le trempage. Mettre la quantité d'eau (voir tableau) pour la cuisson. Porter l'eau à la limite du point d'ébullition, couvrir et laisser mijoter à feu doux le temps nécessaire pour que les légumineuses deviennent suffisamment tendres.

4. Pour réduire les flatulences provoquées par les légumineuses, il est recommandé de changer l'eau une à deux fois pendant la cuisson.

5. Ajouter 5 cm (2 pouces) d'algue kombu dans l'eau, pour réduire le temps de cuisson.

6. Il est conseillé d'ajouter différents assaisonnements pour faciliter la digestion (ail, oignon ou encore sarriette).

TABLEAU DE CUISSON
DES LÉGUMINEUSES

Légumineuses (pour une tasse)	Trempage	Eau froide (cuisson)	Cuisson (approximatif)	Rendement (approximatif)
Adukis	10 à 12 heures	2 tasses	1 1/2 heure	2 tasses
Doliques à œil noir	10 à 12 heures	3 tasses	1 heure	3 tasses
Haricots blancs	10 à 12 heures	3 tasses	1 heure	3 tasses
Haricots mungo	10 à 12 heures	3 tasses	1 à 1 1/2 heure	2 tasses
Haricots noirs	10 à 12 heures	3 tasses	1 à 1 1/2 heure	3 tasses
Haricots pinto	10 à 12 heures	3 tasses	1 à 1 1/2 heure	2 tasses
Haricots rouges	10 à 12 heures	3 tasses	1 à 1 1/2 heure	2 tasses
Haricots soya	24 heures	4 tasses	3 à 4 heures	2 tasses
Lentilles brunes	----------	3 tasses	45 minutes	2 tasses
Lentilles orange	----------	3 tasses	30 minutes	2 1/2 tasses
Lentilles vertes	----------	3 tasses	30 minutes	2 tasses
Pois cassés	----------	3 tasses	30 à 45 minutes	2 1/2 tasses
Pois chiches	10 à 12 heures	4 tasses	1 à 1 1/2 heure	3 tasses
Pois entiers	10 à 12 heures	4 tasses	1 heure	3 tasses

GUIDE DES FINES HERBES ET ÉPICES

À utiliser fraîches ou séchées

Ail: Vinaigrettes, légumes, ragoûts, viandes, poissons, volailles, soupes, olives, pâtes alimentaires.

Aneth: Vinaigrettes, cornichons, céleris-raves, poissons.

Anis: Porc, canard, pain, compotes, gâteaux, biscuits.

Basilic: Poissons, fruits de mer, volailles, œufs, agneau, porc, veau, lapin, fromages, légumes, pâtes alimentaires, mets à base de tomate, sauces.

Cannelle: gâteaux, biscuits, crêpes, pain, compotes, pommes, poires, pêches, yogourts, ragoûts, viandes, poulet, dinde, sauce tomate.

Câpre: Mayonnaise, moutarde, viandes, volailles, poissons, hors-d'œuvre, riz, sauces.

Cari ou curry: Viandes, volailles, légumes, riz.

Carvi (graines): Brochettes, poissons, crustacés, fromages, lentilles, riz, salades, légumes, fruits.

Cerfeuil: Soupes, salades, vinaigrettes, ragoûts, veau, poissons, omelettes, sauces.

Ciboulette: Vinaigrettes, salades, légumes, soupes, poissons, viandes, omelettes.

Clou de girofle: Ragoûts, bœuf, pommes, gâteaux, biscuits, sauce tomate.

Coriandre: Fromages, omelettes, riz, biscuits, gâteaux, pain.

Cresson: Poissons et fruits de mer.

Cumin: Saucisses, agneau, fromages, œufs, légumineuses, riz, tomates, pain.

Estragon: Œufs, poissons, volailles, soupes, salades, tomates, sauces.

Feuilles de laurier: Sauces, soupes, consommés, ragoûts, viandes, volailles, poissons, légumes, légumineuses.

Gingembre: Viandes, volailles, poissons, sauces, légumes, fruits, riz, biscuits.

Graines de céleri: Vinaigrettes, jus de tomates, poissons, fruits de mer, légumineuses.

Marjolaine: Mets à base de tomate, vinaigrettes, sauces, soupes, consommés, ragoûts, viandes, poissons, légumineuses, légumes.

Menthe: Vinaigrettes, mayonnaise, crème sure, viandes, gibier, poissons, sauces, légumes.

Moutarde: Vinaigrettes, mayonnaise, porc, poulet, saucisses, poissons, œufs.

Muscade: Gâteaux, compotes, crèmes, fruits, œufs, fromages, sauces, escargots.

Oignon (en poudre): Viandes, volaille, poissons, salades, légumes.

Origan: Mets à base de tomate, vinaigrettes, sauces, soupes et consommés, ragoûts, viandes, poissons, légumineuses, légumes.

Paprika: Ragoûts, volailles, œufs, légumes.

Pavot (graines): Pain, bagels, gâteaux, fromages, légumes.

Persil: Soupes, ragoûts, viandes, volailles, poissons, légumes.

Piment fort: Vinaigrettes, sauces, viandes, ragoûts, soupes, fruits de mer, olives.

Poivre: Viandes, volailles, poissons, sauces, fromages, pâtes alimentaires, légumes, vinaigrettes.

Romarin: Soupes, viandes, gibier, poulet, poissons, salades.

Safran: Soupes, riz, fromages, œufs, ragoûts, viandes, volailles, poissons.

Sarriette: Soupes, ragoûts, viandes, gibier, poissons, œufs, sauces, salades, légumes, vinaigrettes, légumineuses.

Sauge: Ragoûts, viandes, volailles, omelettes, fromages, soupes, légumes.

Thym: Soupes, ragoûts, civets, gibier, viandes, poissons, volailles, œufs, sauces, sauce tomate, légumineuses, légumes.

N.B. Dans les différentes recettes, nous vous conseillons de tripler les quantités lorsque que vous voulez remplacer une herbe séchée par une herbe fraîche.

LEXIQUE

Assaisonner: Accommoder une préparation avec les assaisonnements pour la rendre plus savoureuse.

Badigeonner: Enduire d'une substance molle ou liquide, à l'aide d'un pinceau.

Bain-marie: Mettre au four ou sur le feu une casserole contenant de l'eau bouillante.

Battre: Travailler énergiquement au batteur électrique ou au fouet les œufs, les blancs d'œufs, la crème fouettée, les vinaigrettes, etc.

Brochette: Petite broche servant à faire rôtir de petites pièces de viande et de légume.

Couper en dés: Découper un aliment en petits cubes d'environ 1 cm (1/4 po).

Darne: Tranche épaisse de poisson.

Décortiquer: Dépouiller un crustacé de sa carapace.

Déglacer: Verser un liquide dans un récipient de cuisson pour dissoudre les sucs qui se sont caramélisés au fond du plat.

Dégorger: Faire tremper plus ou moins longtemps une viande dans de l'eau froide afin de la débarrasser de son sang ou de ses impuretés pour la rendre plus blanche. Pour certains légumes: éliminer leur eau de végétation en les saupoudrant de sel et en laissant reposer quelques heures.

Dégraisser: Enlever la graisse qui se trouve à la surface d'un liquide. Il est toujours préférable de le faire

	quand le liquide est froid. Ou encore, retirer la graisse visible d'une viande.
Dorer:	Mettre certains aliments au four pour les faire brunir.
Émincer:	Couper en tranches ou en fines lamelles.
Épépiner:	Retirer les pépins d'un fruit ou d'un légume.
Escalope:	Fine tranche de viande, prélevée la plupart du temps dans la chair du veau ou de la dinde.
Faire revenir:	Faire colorer une viande ou des légumes sur tous ses côtés, en les faisant cuire dans une matière grasse.
Fouetter:	Battre énergiquement une préparation à l'aide d'un fouet pour incorporer le plus d'air possible et en augmenter ainsi son volume.
Frémir:	Se dit d'un liquide qui est sur le point de bouillir.
Gratiner:	Faire dorer un mets au four après l'avoir recouvert de fromage.
Griller:	Cuire sur ou devant une source de chaleur nue, les viandes rouges, blanches, les brochettes, les poissons ou les légumes.
Hacher:	Tailler en petits morceaux.
Incorporer:	Ajouter un ingrédient à un mélange ou à une préparation.
Lit:	Couche d'un aliment ou d'une préparation dont on recouvre le fond d'une assiette ou d'un plat et sur laquelle on dépose l'aliment principal.
Mariner:	Laisser tremper un aliment dans un liquide aromatisé afin de le parfumer.
Mijoter:	Faire cuire à feu doux et régulièrement à couvert.
Mouiller:	Ajouter de l'eau, du bouillon ou un autre liquide pendant la cuisson d'un mets.
Napper:	Recouvrir un mets d'une sauce d'accompagnement.

Papillote:	Morceaux de papier d'aluminium dans lesquels on enveloppe certains aliments avant de les faire cuire.
Parer:	Supprimer les aliments inutiles à la cuisson ou à la préparation d'un mets.
Pocher:	Faire cuire un aliment dans un liquide frémissant.
Remuer:	Agiter les ragoûts et les sauces pour les empêcher de coller au fond d'une casserole, d'un poêlon, etc.
Saisir:	Faire chauffer à feu très vif.
Saupoudrer:	Parsemer un ingrédient à la surface d'une préparation ou d'une pâtisserie.
Sauter:	Faire cuire des aliments à feu vif, dans un corps gras, en les faisant sauter dans un poêlon ou dans une casserole pour les empêcher de coller.